国家古籍整理出版专项经费资助项目

皇帝的课本

今天你养正了吗

养正图解赏析

[明] 焦竑◎撰　[明] 丁云鹏◎绘　邱江宁◎译注

故宫出版社

出版前言

故宫博物院藏书以流传有绪的清代宫中旧藏为主要特色。其渊源可上溯至宋元，风格特色鲜明。虽因历史原因在大陆、台湾等地多有流散，但仍荟萃了明清时期诸多珍稀精品。《故宫博物院藏内府珍本》即是从这些精品中选取凝结中国传统文化精粹内容的代表性著作，以影印形式整理、编辑、出版的一套丛书。

《皇帝的课本》为 2013 年“国家古籍整理出版资助项目”——《故宫博物院藏内府珍本》（第一辑）的点读、注释版本。将其中有关皇帝、皇子教育方面的经典教材整理汇编，精美图片原版影印，文字部分在句读的基础上加以白话注释而推出的一套丛书。我们采用了串讲通解、配原图并注的形式，为当今读者提供了阅读理解上的便利。《皇帝的课本》现推出五种，即《当顺治遇上老子——御注道德经赏析》《观照孔夫子 ——圣迹全图赏析》《皇帝是这样炼成的 ——帝鉴图说赏析》《今天你养正了吗 ——养正图解赏析》《加油吧太子 ——承华事略赏析》。

本丛书所选版本文字与当代通行本或有差异，图像质量则明显优于新近常见版本，为当今读者稀见或首见。《御注道德经》字形丰满，笔划清晰，刻法精工，边框齐整。《圣迹全图》是清代翰林词臣于敏中进献乾隆皇帝的写绘袖珍本，图画隽雅传神，题画文字娟秀清丽，功力非凡，不失为我国清代绘画书法艺术的上品，具有较高的艺术价值和学术研究价值。《帝鉴图说》书中的插图仿明代风格，线条简单，轮廓清晰，朴拙中带有几分稚趣，可爱又不失传神，兼具欣赏性和收藏性。《养正图解》由明代著名画家丁云鹏绘图，绘刻精细，古趣盎然。《钦定元王恽承华事略补图》为清徐郙、李文田补图与校订，版画仿顾恺之仕女画及汉代画像石风格，镌刻线条流畅细致。

此五种图书，都是清代内府刻本，刻印数量有限，甚至是当今所见的孤本。是供清代皇室或由皇帝诏令颁发到一定品级官员阅览的珍本，创作的意图，多是对皇室和高级官员宣扬中国古代传统文化精粹和为其提供借鉴的“教材”。《御注道德经》是清代入关皇帝顺治帝熟读汉文化经典《道德经》之后的感悟。《圣迹全图》以传颂孔子生平事迹为主要内容，专供乾隆皇帝闲暇时阅览。《帝鉴图说》是供当时年仅十岁的小皇帝——明神宗（万历皇帝）阅读的教科书。《养正图解》是焦竑在任皇子讲官时，为教导皇长子朱常洛承续封建道统而采录编选的一部伦理著作。《承华事略》是王恽将前代贤良有为的太子和其老师对他们的教诲事迹整理成章（也有太子玩物丧志的反面教材），于至元十八年进呈给太子，意在劝勉太子效法古人，以成明君的著作。

中国古人著书，十分注重图的作用，固有以图证史之说，且将“图”、“书”并称。图绘形象直观，文字抽象曲现，二者相辅相成。这种图文并茂的表述方式一直流传至今，以至进入了现在的读图时代。希望我们这套丛书的出版，在带领读者以现代的视角去领略古籍时尚之美的同时，能直观了解中国古代皇室所受教育中的精华，有利于现今社会风气的“见贤思齐”。

故宫出版社
2013 年 7 月

引 言

中国历代都很重视童蒙时期的教育，《周易》有关儿童教育的论述中说："蒙以养正，圣功也。"意思是说，要想成为圣人或有作为的人，必须在童蒙时期加以正确的教育，这是作圣之功。封建社会童蒙时期的教育内容主要以纲常伦理为主，其教育目的无非是从小就培养封建制度的维护者。统治者们无不希望他们的统治能长治久安，希望臣民们既能贴心归顺，又能对其统治有所作为。历朝皇帝更是希望王朝能够传之万代，所以他们大都非常重视对子孙的教育与培养。明太祖曾建大本堂，取古代和当代图书贮藏其中，征四方名儒任师傅教导太子，经筵讲官大都从翰林院掌院学士、修撰、编修、国子监祭酒或翰林院出身的高级文官中遴选。讲授的内容主要是按照宋儒理学思想进行诠释的《四书》、《五经》，包括思想教育、品德教育、知识教育等。而思想品德教育方面的著作在古代蒙学书籍中占相当大的比重，可以看成是古代蒙学的核心。

《养正图解》不分卷，附清高宗《御题养正图诗》一卷、仁宗《御制养正图赞》一卷，明焦竑撰，清光绪二十一年（1895 年）武英殿刻本。半页十行，行二十一字，四周单边，白口，无鱼尾。版框高 23.3 厘米，宽 15.7 厘米。卷前有光绪二十一年"特将内府旧存写本发出敕武英殿刊刻"谕旨，还有明南京吏科给事中祝世禄、撰修儒林郎焦竑序及焦竑题奏。背面有"光绪岁在旃蒙协洽武英殿刊"牌记。作者焦竑（1541 ~ 1620 年），字弱侯，号漪园，又号澹园，江宁（今南京）人。万历十七年（1591 年）以殿试第一授翰林院修撰。博览群书，善为古文。著有《易筌》、《禹贡解》、《焦氏笔乘》、《国史经籍志》等。万历二十二年（1594 年），皇长子朱常洛经"国本之争"后，出居东宫接受皇太子的教育，焦竑被皇帝任命为东宫讲读官。是书辑录周文王至宋代的传说典故，绘图 60 幅，每图后附解说，故名《养正图解》。该书以图解形式通过历史典故、古人事迹，宣讲封建伦理道德及言论行为规范。诸如历史典故“寝门视膳”、“膳斥鲍鱼”、“振贷贫民”、“丹书受戒”等以及古人事迹。在解说中，作者借古喻今竭力阐述儒家的纲常观念及仁、义、礼、智、信思想，宣扬忠君、孝悌、诚信等封建伦理道德及言论行为规范，劝勉皇子从细微小事做起，修身养性，以达到治国平天下的目的。该书初成呈万历皇帝御览，被列为皇室教育启蒙读物，清代又得到乾隆、嘉庆、光绪三帝的青睐。乾隆帝亲自作了《御题养正图诗》,嘉庆帝亲自写了《御制养正图赞》,成为清代乾隆、嘉庆、光绪三朝皇子们学习的专门读物。

《养正图解》版本众多，明清两代抄、刻本皆有。如丁云鹏绘，明万历二十一年（1593 年）安徽新安玩虎轩本（刻工为黄鏻）；明吴继序解说，明丁云鹏绘，黄奇刻，明万历二十二年金陵奎壁斋刊本；丁云鹏绘，明万历二十二年新安吴怀让刊本；清康熙八年（1669 年）盖公堂重刊本。另外还有抄写本,清同治年内府抄绘本《养正图解》二卷（附乾隆《御题养正图诗》、嘉庆《御制养正图赞》）和清满文抄本（精写彩绘本）等。从以上诸多版本的存世情况我们不难看出，作为培养封建统治继承人的该书，受到了明清两代统治者的赏识和重视。中国历代自天子至庶人皆以明德修身为第一要务，身修而后方可齐家、治国、平天下。帝王们及其子孙凭借其特权接受最好的教育，这使得皇室成员比常人有更多的机会发掘自身的潜能，展示各方才艺。

李士娟
2013 年 7 月

目　录

养正图解赏析

养正图解序一

明兴二百二十有八禩[1]，列圣丕承，大业淳固。惟是建太子，选左右谕教，实廪廪焉。

我皇上[2]明并日月，泽究县寓[3]。即位二十二年，诏皇长子[4]出阁[5]讲学，选一时儒臣为之左右。先是，廷臣以皇长子且长，宜正储位，章疏前后凡数十上，皇上特迟之，遂有今诏。于是，修撰焦竑侍讲之暇，伏念高皇帝[6]尝命诸臣绘《农业艰难图》、《古孝行图》进太子、诸王，而累朝东宫官僚讲读之外，亦多自为书以进者。盖讲读止于析理，图说兼以征事。理之用虚，虚故隐约，言之而不必有所指；事之指实，实故览之者易，竟而愈以明理之用。遂采往昔言事可备劝诫者，绘为图，著为解以献。世禄得而读之，窃叹夫我皇上之至虑，与夫成周之制，为不可及也。周制，太子始生则定其名，于是乎见之南郊[7]，谓人无生而贵者，少长则入太学，教之以修身、治天下之道，不烦册立也。盖三代[8]而上，亟于谕教，缓于册立，而太子等与元士[9]齿。三代以降，侈于册立，缓于谕教，而太子贵为国储，为君副，奚暇诗书弦诵之事，癙首而事之哉?

1　禩：在殷代指称年。

2　皇上：文中指明神宗朱翊钧（1563 ~ 1620 年），年号万历，在位 48 年，是明朝在位时间最长的皇帝。

3　县寓：亦作“县宇”，指寰宇。

4　皇长子：指朱常洛（1582 ~ 1620 年），万历长子，即明光宗，在位仅一个月就逝世。

5　出阁：指皇子离开朝廷到自己的封地作藩王。

6　高皇帝：明太祖朱元璋（1328 ~ 1398 年），明朝开国皇帝。

7　南郊：古代天子在京都南面的郊外筑圜丘以祭天的地方，也用以特指帝王祭天的大礼。

8　三代：指夏商周，是儒家经典中设想的远古理想社会。

9　元士：周代称天子之士为元士；又指佳士、优异之士；明初“元士”又是给事中的别称。本文中是指前两种意思。

是以顷者，诸臣惓惓以册立为务，而皇上毅然独断，谓宜蚤谕教。渊哉圣衷！允非人臣所得而窥测已。竑之此书，殆远遵圣祖绘图之意，仰体皇上式谷[1]之思，而亦欲以尽臣子之义于万一耳。皇长子诚披图而悦于目，味解而逊于心，参之今古，以合其符；体之身心，以验其实；务于养，勿伤于骤；比于正，弗狎于邪。所以毓成主器[2]，而培我国家万万年无疆之庥者，此书未必无小补云。

绘图为丁云鹏，书解为吴继序，捐赀镌之为吴怀谦，而镌手为黄奇。咸乐是举，借以自效，而世禄实董厥成，故敢拜手稽首[3]，而为之飏言如此。

南京吏科给事中祝世禄[4] 谨序

1 式谷：谓以善道教子，使之为善。《诗·小雅·小宛》："教诲尔子，式谷似之。"朱熹《集传》曰："式，用；谷，善也……戒之以不惟独善其身，又当教其子使为善也。"

2 主器：太子。《易序卦》云："主器者，莫若长子"，古代国君的长子主宗庙祭器，因称太子为主器。

3 拜手，古代的男子一种跪拜礼。既跪，两手拱合，俯头至手与手心平，而不至地，故称"拜手"。亦叫"空手"。稽首，古时的一种跪拜礼节，跪下，拱手至地，头也至地。

4 祝世禄（1539或1540～1595年）：字延之，号无功，饶州德兴人。万历十七年（1589年）进士，考选为南科给事。世禄工诗，善草书。著有《祝子小言》、《环碧斋诗集》及《环碧斋尺牍》各三卷。

养正图解序二

高皇帝开建鸿业，更立三才[1]，为帝者首，乃海内甫定，即垂意根本至计，博选耆艾、魁垒[2]之士从太子、诸王以游。已，命诸臣讲读经书；暇，开陈明君、良相、孝子、忠臣诸故事，及时政、沿革、民间疾苦之类。已，又命绘“农业艰难”与“古孝行”图以进。盖其为教，可谓本末具举，蔑以复加已。

岁甲午，皇上命皇长子出阁讲学，竑以职事，叨从劝讲之后，窃愧空疏，靡所自效，独念“四子”、“五经”[3]，理之渊海，穷年讲习，未易殚明。我圣祖顾于遗文故事拳拳不置，良由理涉虚而难见，事征实而易知，故今古以通之，图绘以象之，朝诵夕披，而观省备焉也。竑诚不自揆，仰遵祖训，采古言行可资劝诫者著为图说，名曰《养正图解》，辄录上尘[4]，以俟裁定。

夫圣须学也，学须正也，而功必始于蒙养[5]。古者，八岁而就外傅[6]，学小艺[7]焉，履小节焉；束发而入大学，学大艺焉，履大节焉。教之春秋，而为之耸善而抑恶；教之“故志”[8]，使知废兴焉而戒惧；教之训典，使知族类而

1　三才：天、地、人。《周易·系辞下》：“有天道焉，有人道焉，有地道焉，兼三才而两之。”《三字经》：“三才者，天地人。三光者，日月星。”

2　耆艾：尊长，师长，亦泛指老年人。古以 60 岁为耆，50 岁为艾。魁垒：指特殊的人或事物。

3　四子：即“四书”，指《论语》、《大学》、《中庸》、《孟子》四部儒家的经典。此四书是孔子、曾子、子思、孟子的言行录，故合称“四子书”。五经：五部儒家经书，即《周易》、《尚书》、《诗经》、《礼记》、《春秋》。

4　上尘：旧时表奏函牍中表示谦抑的套语，意为有污尊长视听。

5　蒙养：古人把对儿童进行的初等教育称为“蒙养”或“发蒙”，所用的教材就是蒙养教材。这种启蒙教育一般都在民间私学里进行。

6　外傅：古代贵族子弟至一定年龄，出外就学，所从之师称外傅，与内傅相对。

7　小艺：指“六艺”中的射、御二艺。大艺：“六艺”中的礼、乐、书、数。

8　故志：古时的记载，指史书。

比义。盖积习见闻，纳之轨物，故成材易也。皇上范型在上，不肃而严，谕教条章，直有方驾古人同符圣祖者。竑之寡陋，如爝火[1]然，讵足以庚日月之明！顾尘露区区，不为河岳所吐弃，必将有继竑而出者，缵圣志而成之矣，特著之序以俟。

翰林院修撰儒林郎焦竑　谨序

1　爝火：炬火，小火。

养正图解题奏

翰林院修撰臣焦竑题为恭进图解，以仰裨谕教事。臣蒙恩拔擢，列于禁近[1]，万历二十二年恭遇皇长子出阁，叨与劝讲之役。供事以来，荏苒四载，学术空疏，靡所补益。顷皇长子天姿日茂，睿龄[2]加长，多识前言往行，此适其时。而日所讲读，止《尚书》、《论语》二书，虽聪明饶于天授，而睹记犹为未广，于臣等自效之义，窃有未安。伏睹太祖高皇帝谕教太子、诸王，自经书外，旁及《资治通鉴》、《大学衍义》[3]诸编，三书并授，著为成规。已，又选秀才张宗濬等陈说古今孝弟、忠信、文学诸故事，及民间疾苦、稼穑艰难之类，为法甚悉。即先臣郑纪[4]、邹守益[5]、霍韬[6]，亦并为《圣功图》以献于朝，无非循典制，重元良[7]，为宗社长久计也。近该辅臣题奉讲解《通鉴》，谨候旨行，无容别议。臣愚不自揆，仰遵成宪，窃比前修，择载籍中故事有关法诫者，稍加训释，并绘为图，名曰《养正图解》，装潢成编，上尘乙览[8]。夫以辅臣轮侍，

---

1 禁近：禁中帝王身边。多指翰林院或官署在宫中的文学近侍之臣。

2 睿龄：一般用于指皇帝或太子的年龄。

3 《大学衍义》：南宋理学家真德秀撰，此书是元、明、清三朝皇族学士必读之书，其治国之道、民生之理和廉政文化很为后世所推崇。

4 郑纪（1438 ~ 1513 年）：字廷纲，号东园，福建仙游县文贤里上郑（今度尾镇埔尾村）人。明天顺四年（1460 年）进士，历任翰林庶吉士、国子祭酒、浙江按察副使、户部侍郎、户部尚书等职，一生历仕英宗、宪宗、孝宗三朝，人称“三朝元老”。著有《东园文集》。

5 邹守益（1491 ~ 1562 年）：字谦之，号东廓，江西安福县北乡澈源（今江西省安福县连村乡新背老屋里村）人。明代著名理学家、教育家。著有《东廓集》、《东廓语录》、《学脉遗集》。

6 霍韬（1487 ~ 1540 年）：字渭先，号兀厓，更号渭厓，谥文敏，南海县石头乡（现属石湾区澜石镇）霍族人。著有《渭厓文集》、《石头录》等。

7 元良：指大善至德、大贤之士，也有“太子”代称之意。

8 乙览：指皇帝夜晚读书。

观翩既深，同官敷陈开导备至，岂臣之区区能为有无？独念皇长子罢讲以后，居多暇时，尺璧之阴，未宜虚掷，辄抒一得之愚，稍为缉熙之助。如蒙皇上不弃菲葑，谓为可采[1]，特敕皇长子于退食余闲时加细绎，庶几虚明之心，先入为主，典训所渐，不言而化。其于升高陟遐，未必无补。臣愚冒昧上言，不任惶悚，缘系《恭进图解》，以仰裨谕教事，理合谨题[2]请旨，计进《养正图解》二部。

万历二十五年九月初八日题

奉圣旨："览奏，知道了。所进《养正图解》，留览并赐了。前有旨：'皇长子体质清弱，不奈久劳，讲学书籍，候循序渐进，以副朕眷爱之意。'"礼部知道。

---

1 不弃菲葑，谓为可采：指别人征求自己意见时表示谦虚的说法，意同"采及葑菲"，出自《诗经·邶风·谷风》："采葑采菲，无以下体。"另有"葑菲之采"，指不可因葑菲根茎味苦而连叶也不采，原比喻夫妻相处，应以德为重，不可因女子容颜衰退而遗弃，后常用作请人有所采取的谦词。

2 谨题：明清大臣上题本的用语，表示恭敬之意。明清时奏章有题本、奏本之别，题本由官员用印具题，专用于公事，只限于高级文武官员使用。清末由于奏折普遍使用，鉴于题本"繁复迟缓"，光绪二十七年（1901 年）废止。

寢門視膳

图注：寝门视膳[1]

文王[2]之为世子[3]，朝于王季[4]日三。鸡初鸣而衣服至于寝门[5]外，问内竖[6]之御者，曰：“今日安否？何如？”内竖曰：“安。”文王乃喜。及日中，又至，亦如之。及暮，又至，亦如之。其有不安节，则内竖以告文王，文王色忧，行不能正履。王季复膳，然后亦复初。食上，必在[7]视寒暖之节；食下，问所膳。命膳宰曰：“末有原。”应曰：“诺。”然后退。

焦竑解：

王季是文王之父。文王为世子时，朝见王季，每日凡三次。鸡初鸣时，即起着衣服，到王季寝门外，问内竖之供御者，曰：“今日安否？何如？”内竖对曰：“安。”文王喜形于色。及日中时，文王又到问安也，似早间一般。及日晚，文王又到，其问安复似日中时一般。王季若少不循其起居饮食之常，此为不安节。内竖以告文王，文王即忧形于色，至于行步错乱，不能以正，他忧苦的模样如此，必待王季饮食复初，然后忧解，亦如初。每上饮食，必先察看寒暖之节何如，恐过冷或过热，皆能伤人也。及食毕彻（撤）膳，又问所食几何，与喜食者何、不喜食者何。于是命掌膳的人曰：“末（未）有原。”“原”是再言饮食已用者，勿再进也。膳宰应曰：“诺。”然后文王乃退。

夫问安视膳，世以为人子事亲之礼，然文王当时岂以为礼当如此而勉

1　按：该条内容出自《礼记》。

2　文王：姬姓，名昌，周王朝的缔造者。

3　世子：周代时，天子、诸侯的嫡子称“世子”。

4　王季：名季历，周太王古公亶父第三子，文王姬昌的父亲。他的兄长太伯（也称泰伯）后来在太湖流域创建了吴国。季历继位后，承古公遗道，又与商贵族任氏通婚，积极吸收商文化，加强政治联系。在商王朝的支持下，他对周围戎狄部落大动干戈，不断扩张军事实力。商王文丁时，受封为“牧师”，成为西方诸侯之长，享有征伐西部诸侯的权利。后因权重遭忌，为商王文丁所杀。

5　寝门：古礼天子五门，诸侯三门，大夫二门。最内之门曰寝门，即路门。后泛指内室之门。

6　内竖：未冠的童子，又指主要负责替君王传达给内官或外廷关于琐碎事务命令的人。

7　在：此处作“观察”之意。

强以行之哉？只是一念爱亲之心，万不容已，既不能放下，他又不肯轻动着他，所以时时只问内竖与看其饮食，不如此则其心都过不去了。孟子说：“孩提之童，无不知爱其亲也。”[1] 只看孩提离却父母便一时也难过，文王虽圣人，亦不失其孩提之心而已。若无此一段真意，纵依着文王的格式行去，终是勉强，非善学文王者也。

译文：

王季是文王的父亲。文王做世子的时候，每天三次觐见父亲。鸡第一次鸣叫的时候，文王就起身穿好衣服，来到王季的寝门外面，向在父亲身边侍奉的近侍询问说：“今天父亲安好吗？睡得怎么样？”内侍回答说：“安好。”文王就非常高兴，面带喜色。到中午时分，文王又来到父亲寝门外询问父亲是否安好，和早晨一样。到傍晚，文王又来了，又像中午的情形一样。如果王季的饮食起居稍稍有和平时不一样的地方，这就说明王季身体有不舒服、欠安康的地方，内侍就告诉给文王，文王听后即忧形于色，甚至走路都乱了步伐，不能正常行走了。他忧伤苦恼到这个地步，一定要等到王季的饮食恢复如初，他的忧愁才消解，恢复到正常的问安。每次给父亲上膳食，文王就一定亲自来察看食物的冷热程度，怕过冷或过热，都对人的身体造成伤害。等王季吃过饭、撤下膳食，文王又问父亲吃了多少，喜欢吃哪个，不喜欢吃哪个。于是就命令掌管膳食的小官说：“不要有原来的食物。”“原”是再的意思，指已经吃过的食物，就不要再上了。膳宰应声说：“好。”然后文王才退下。

问安视膳这种行为，世人认为这是作为人子侍奉双亲的基本礼节，但文王当时难道是因为礼当如此才勉强执行它吗？只不过是出于一念爱亲之心，万万不能容许自己不这么做而已。既不能够放下爱亲之念，又不愿意轻易惊

---

1 按：此句出自《孟子·尽心上》。

动父亲，所以只好通过时时询问父亲身边的近侍、察看父亲的饮食情况来释缓自己的爱亲之念。如果不这么做，就过不了他自己的关，他的心会受不了。孟子说："两三岁的孩子，没有不知道爱他们父母的。"只要看看两三岁的幼童离开父母身边一会儿就会难过的情形就知道了。文王虽然是个圣人，却也只不过是不失孩提赤诚之心而已。如果没有这番爱父母的真意，纵然是按照文王的样子去做，终究还是勉强，并不是善于学习文王的人。

膳斥鲍魚

图注：膳斥鲍鱼[1]

文王使太公望[2]傅太子发[3]。太子嗜鲍鱼，公不与，曰:“鲍鱼不登于俎[4]，岂有非礼而可养太子哉?

焦竑解：

太公，姓吕名望，发是武王名。武王为太子时，文王使太公为傅，一切起居饮食，有不中节处，无不救正。武王好食鲍鱼，太公不肯与，说道:“鲍鱼一向不登俎豆。是非礼所当食也，岂有非礼之食而可以养太子哉？”

一饮食之小，必教以正道，不肯苟从如此，况所言非正言，所行非正事，所亲非正人,其相匡救又当何如也。北齐厨宰进太子食中有邪蒿[5],助教[6]邢峙方授经,遽令止之,曰:“此菜有不正之名,非太子所宜食。”文宣[7]闻而大嘉之,此事犹有古人之遗风也。

译文：

太公，姓吕名望，发是周武王的名讳。武王做太子的时候，文王命令太公做他的师傅，凡是饮食起居中有不符合礼仪法度的地方，太公都会进行纠正。武王喜欢吃咸鱼，太公不给他吃，并且说道：“咸鱼向来是不能作为祭祀时的食物的。按照礼仪，它不是应该食用的东西，哪里有不符合礼仪的食

---

1 按：此条内容见于宋代李昉《太平御览》卷一四六。

2 望:指姜尚（公元前1156～公元前1017年），名望，吕氏，字子牙，先后辅佐了六位周王。西周初年,被周文王封为“太师”（武官名），被尊为“师尚父”,辅佐文王,后来辅佐周武王灭商。因功封于齐，成为周代齐国的始祖，因而被称为“太公望”，俗称姜太公。他是中国历史上最享盛名的政治家、军事家和谋略家。

3 太子发：姬发，文王次子，因其兄伯邑考被商纣王所杀而得以继位，为周武王。他继承父亲遗志，于公元前11世纪消灭商朝，夺取全国政权，建立了西周王朝。

4 俎：古代祭祀时放祭品的器物。下文提到的“豆”也是古代祭祀用的器具。

5 邪蒿：草名，根叶可食。

6 助教：国子监或太学的学官，协助国子祭酒和国子博士教授生徒，又称国子助教。

7 文宣:即北齐显祖文宣皇帝高洋（529～559年），字子进，南北朝时期北齐政权的开国皇帝。

物却让太子食用的道理？”

一件关于饮食的小事，太公都一定要用正道礼仪来进行教导，不肯盲目依从到这种地步，更何况是针对那些说的不合道义的言论、做的不合乎法度的事情、亲近的奸邪不正的人物，太公又将会是怎样的匡正补救呢！北齐时期，厨宰进献给太子的膳食中有邪蒿，当时的助教邢峙正在教授太子儒家经典，（看到后）马上下令制止，说：“这个菜名字不正，不是太子应该食用的。”文宣帝听说这件事后对邢峙大为嘉赏。此事尚存古君子之遗风啊。

振貸貧民

图注：振贷贫民[1]

文王问于吕望，曰："为天下若何？"对曰："王国[2]富民，霸国富士，仅存之国富大夫，亡道之国富仓府，是谓上溢而下漏[3]。"文王曰："善。"对曰："宿善不祥。"是日也，发其仓府以振鳏寡孤独。

焦竑解：

文王问于吕望，曰："为天下当如何？"吕望对说："王者之国，心存爱民，故其富在民。霸者之国，厚招游士，故其富在士。仅存之国，政在大夫，故其富在大夫。若夫无道之国，则厚敛于民，以为私藏，故其富在仓府而已。夫财货欲，其行如流水，故谓之泉布[4]。若专务积之而不散，是以有用之物置之无用之地，徒使群小耗蠹于中，盗贼窥伺于外，闾阎[5]无盖藏，百姓不聊生。譬如以器盛水，上面溢出来，下面漏下去，必至于枯竭而后已。国焉得不亡乎？"文王见他说的好，故称其言之善。吕望说："既是善言，当速行之，若至留过一宿，便非国之福也。"文王即于是日发其仓府，以振鳏寡孤独，可谓不宿善矣。

盖天之生财止有此数，不在官则在民，不在官不在民则必在势要之家矣。大抵在下则治，在上则乱，而其原必在人主。清心寡欲则用度自然，不多取民；自然有节，由此，天下化之，士大夫有廉俭之风，闾阎无奢侈之俗，国家殷富，万民乐业，太平之治可以长保矣。

译文：

文王向吕望请教说："治理天下应当怎么做？"吕望回答说："施行王道

1　按：此条内容出自《周易》。

2　王国：施行王道的国家。隋代王通《中说·问易》："强国战兵，霸国战智，王国战义。"

3　上溢下漏：指上富下贫。

4　泉布：货币的别名。

5　闾阎：指民间。闾泛指门户、人家，中国古代以二十五家为闾；阎指里巷的门。

的国家，君主有爱民之心，因此它的富足体现在天下百姓身上。实行霸道的国家，以优厚的条件广招游士，因此它的富足体现在游士身上。那些勉强维持的国家，政权掌握在士大夫手中，因此它的富足体现在士大夫官僚身上。如果是无道之国，就会从百姓那里严苛敛财，并把它当做是个人财富，因此它的富足体现在国库上。对于钱财的欲望，如同流水一样没有止息，因此称它为“泉布”。如果只是一味积攒财富而不消耗财富，这实际是把有用之物置放于无用之地，白白地让那些小人在里面鼠食蚁耗，让盗贼在外面偷窥觊觎，而民间没有任何储藏，百姓无法生存。就好比是用容器盛水，上面太满溢了出来，下面却漏了下去，最后容器中的水一定会枯竭。这样的国家哪有不灭亡的道理呢？”文王见他说的好，就称赞他的话有道理。吕望说：“既然我说得有道理，就应当立即实行它，如果要滞留一晚上，那就不是国家的福祉了。”文王就在当日下令打开国库，将钱财、粮食用来救济那些孤苦无依的人，可以说是做善事不耽搁了。

上天赐予的财富是有限的，不在官府那里就在百姓那里，不在官府和百姓那里就一定在有权势、地位显要的人家中。大体来说，钱财在民间百姓那里就能使国家安定，在官府和势要之家就会使国家大乱，而治与乱的根本又一定是在君主身上。君主如果清心寡欲，那么他的花费合情合理，就不用过多地从百姓那里收取。君王用度有礼有节，那么，天下臣民也会受到感化，于是士大夫有廉洁节俭的作风，民间没有挥霍浪费、追求享受的风俗，国家殷实富足，百姓安居乐业，那么太平之治也就可以长期保有了。

丹書受戒

图注：丹书受戒

武王践阼[1]三日，召师尚父[2]而问曰："黄帝、颛顼之道，可得而见与？"曰："在《丹书》[3]，王欲闻之则斋矣。"斋三日，王端冕[4]，师尚父亦端冕，奉书而入。王东面而立，师尚父西面道书之言曰："敬胜怠者吉，怠胜敬者灭。义胜欲者从，欲胜义者凶。"王闻书之言，怵若恐惧，而戒书于席四端为铭焉。

焦竑解：

武王初年问师尚父，说："治天下之道莫过于黄帝、颛顼这两个圣人，今其道还有可见者否？我将遵而行之也。"师尚父对说："有一卷书叫做《丹书》，二圣人之道皆在其中。王欲闻之须重其事，斋戒而后可。"武王于是斋戒三日，乃端冕而出，谓先王之道至大，不可北面相授受也。王乃东面而立，不敢居君位，师尚父西面而立，亦不居臣位，乃述《丹书》中的言语，说道："凡为君者，敬畏胜怠忽，国必昌；怠忽胜敬畏，国必亡。公义胜私欲，事必从；私欲胜公义，事必凶。古圣王之道，尽于敬与义两言而已。"武王闻此，惕然悚惧，书于席之四隅以自警焉。

然敬非矜持，即此心之无放者是已；义非勉强，即此心之无欲者是已。人能顺其良心之自然，而不以人力参之，则敬与义自在也。不然，别以一心操此一心，思胜怠而怠将四起，思胜欲而欲且横生，其端无穷，终不可得而胜矣。故一则为敬以直内[5]，一则为以敬直内，一则为集义，

---

1 践祚：走上阼阶主位。古代庙寝堂前两阶，主阶在东，称阼阶。阼阶上为主位，也指即位、登基。

2 尚父：亦作"尚甫"。指周朝吕望，即姜子牙。意为可尊敬的父辈。

3 丹书：朱笔书写的诏书，或帝王所写的劝诫书。这里指黄帝所作的《丹书戒》，颛顼所作的《丹书》。

4 端冕：玄衣和大冠。古代帝王、贵族的礼服。

5 按：《周易·系辞》曰："敬以直内，义以方外。"

一则为义袭[1]，其几甚微，而王霸公私之分实在于此，学圣人者不可不早辨也。

译文：

武王刚刚登基的时候问师傅尚父说："治理天下没有谁能超过黄帝、颛顼两位圣人了，现在，他们治天下的道理还能见到吗？我想按照他们来做。"尚父回答说："有一卷书叫做《丹书》，两位圣人的治国之道都记录在里面。大王如果想要知道它，就必须重视这件事，持斋戒之后才行。"于是武王斋戒三天后才穿上玄衣、戴着大冠盛装出来（听授《丹书》）。尚父又说，先王之道最大，不可以用北面为君的态度来受教。于是武王向东而立，不敢坐居北面君主之位，尚父朝西而立，也不敢自居南面人臣之位，这才开始讲述《丹书》中的言论。《丹书》中说："'凡是做君主的，敬重畏戒胜过怠慢玩忽，国家一定会昌盛；怠慢玩忽胜过敬重畏戒，国家一定会灭亡。正直无私胜过私心杂欲，凡事一定都很顺利；私心杂欲胜过正直无私，事情一定都不吉利。'古时贤君的治国大道，全都在'敬'和'义'两个字上了。"武王听了尚父这番话，惊醒而起，深感惶恐担忧，把它们写在坐席的四角用来自我警醒。

不过，"敬"不是说要严肃拘谨，而是说不要放纵私心；"义"不能勉强，而要心中没有私欲。人能够顺从善良之本性来行事，而不把人的意志力参杂其中，那么"敬"和"义"的念头就自然而然地存在了。如果不这样，而是格外用一种意志来操纵人的自然天性，则越是想要战胜懈怠，懈怠的心思就越是四面涌起，越是想要战胜私欲而私欲就越是恣意横生，千端万绪，到最

1　按："集义"、"义袭"之说出自《孟子·公孙丑上》，其文曰："其为气也……是集义所生者，非袭义而取之也。"朱熹集注："集义，犹言积善，盖欲事事欲合于义也。"所谓集义，就是致良知，所做每一件事都应符合良知，这样你的浩然之气便会壮大，良知便更加精明，下次遇到其他事情也会以良知为指导，从而达到"从心所欲不逾矩"的中庸境界。义袭，就是指平时不按良知行事，偶然良心发现就做一下好事，这样是培养不了浩然之气，只是揠苗助长罢了，因为只要做了一次有愧于心的事，浩然之气便减弱，因此需要"必有事焉，而勿正，心勿忘，勿助长也"。

后还是无法战胜懈怠和私欲。因此，一个恭谨敬畏是为了矫正内心，一个是用恭谨、敬畏来矫正内心；一个自然而然地按公义行动，一个是有意地按公义而行，它们的差别非常微小，但是王道与霸道、公义与私念的区别正在于此。这是向圣人学习不能不早加辨析的地方。

聽朝四輔

图注：听朝四辅

《礼·明堂位》曰："笃仁而好学，多闻而道顺。天子疑则问，应而不穷者，谓之道。道者，导天子以道者也。常立于前，是周公[1]也。诚立而敢断，辅善而相义者，谓之充。充[2]者，充天子之志者也。常立于左，是太公也。洁廉而切直，正过而谏邪者，谓之弼。弼者，弼天子之过者也。常立于右，是召公[3]也。博闻强记，捷给而善对者，谓之承。承者，承天子之遗忘者也。常立于后，是史佚[4]也。故成王[5]中立而听朝，则四圣维之，是以虑无失计，举无过事。"

焦竑解：

《明堂位》是《礼记》中篇名。导君以道者，谓之道；广君之志者，谓之充；匡君之过失者，谓之弼；辅君之遗忘者，谓之承，四者即当时前后左右的官名。成王有美质，而又前后左右磨砺渐染，所闻皆正言，所见皆正事，是以德性日醇，道化日广，非偶然也。然不独此耳。当时常伯[6]、常任[7]，以至虎贲[8]、

1　周公：古代周公，说的是周代的爵位，得爵者辅佐周王治理天下。历史上的第一代周公姓姬名旦（约公元前1100年），亦称叔旦，周文王姬昌第四子，因封地在周（今陕西岐山北），故称周公或周公旦，是西周初期杰出的政治家、军事家和思想家，被尊为儒学奠基人。

2　按：文中"道"、"充"、"弼"、"承"，都是辅佐君王以实现天下大治的官员。立道于前，承于后置，充于左列，谏于右顺，名义也。道者，有疑则问，故或谓之疑；充者，辅善故或谓之辅。

3　召公：又作"邵公"、"召康公"、"太保召公"。姓姬，名奭，周文王的儿子，武王的弟弟。因其采邑在召（今陕西岐山西南），曾辅助周武王灭商，被封于燕（今河南北部），是后来燕国的始祖因最初采邑在召，故称召公或召伯。

4　史佚：原名尹佚，尹逸，西周初年太史，博学多闻，德高望重，深得周武王赏识，凡有大事多与之商磋。

5　成王：周成王（公元前1055～公元前1021年）。姓姬，名诵，周武王之子，是西周时期第二代国王，谥号成王。

6　常伯：西周时指畿内地方官。

7　常任：古代君主左右执掌政务的长官。后泛称皇帝近臣。

8　虎贲：虎贲为九锡中的一种赏赐，守门之军虎贲卫士若干人，或谓三百人；也指虎贲卫士所执武器，戟、铩之类。能退恶者赐虎贲。九锡是中国古代皇帝赐给诸侯、大臣有殊勋者的九种礼器，是最高礼遇的表示。这些礼器通常是天子才能使用，赏赐形式上的意义远大于使用价值。

缀衣[1]、趣马[2]、小尹[3]，左右携仆[4]，百司庶府[5]，无不得人，其辅君成德者，岂一二人之力哉？下至西汉：诏郡国岁贡吏民之贤者，以给宿卫，则虎贲之任也；出入起居，执器物，备顾问，皆用士人，如孔安国[6]掌唾壶，严助[7]、朱买臣[8]专应对，则左右携仆之任也，岂古道未泯、汉人犹得而闻之故耶？诚能精简端良、博古之士，列于四旁以参讽议，以备讨论，不必限其日，时烦其礼貌，接以诚意，假以温颜，庶人得尽情忠无不达，所以增益学问，裨补聪明者，当不在古人之后矣。

译文：

《明堂位》是《礼记》中的一篇。谕导君王以治道的人，称为“道”；扩大天子志向的人，称为“充”；匡正君主过失的人，称为“弼”；及时提醒事情的人，称为“承”。“道”、“充”、“弼”、“承”都是当时君王身边四种官员的称呼。成王本来就具有做君主的优良素质，又有前后左右四位贤臣辅佐、磨炼他，所听到的都是合于正道的言论，所见到的都是合乎正道的事情，因此他的品性日益醇正，对世人的教化日益广泛，这不是偶然的。不仅如此，当时的各级地方及君主身边执掌政务的官员，甚至是守门护卫、掌管君主衣

1 缀衣：周代官名。掌管衣服，为天子近臣。

2 趣马：古代官名，掌管王马。

3 小尹：古代指小官。

4 携仆：古代帝王的近臣。《书·立政》：“左右携仆，百司庶府。”孙星衍疏：“左右携仆，盖若《周礼》太仆、射人也……王鸣盛云：‘左右携持器物之仆，谓寺人、内小臣等也。’”

5 百司：百官。庶府：指朝廷掌管府藏之吏，也指政府各部门。

6 孔安国（公元前156～公元前74年）：字子国，孔子十一代孙。受《诗经》于申公，受《尚书》于伏生，西汉经学家。以治《尚书》被武帝封为博士，官至谏大夫、临淮太守。

7 严助（？～公元前122年）：本名庄助，《汉书》为避东汉明帝刘庄的讳，把庄助改称严助。著名辞赋家，著有《相儿经》、《严助赋》等赋35篇，书已不传，唯存《谕意淮南王》及《上书谢罪》文2篇，《汉书》有传。

8 朱买臣（约公元前174～公元前115年）：字翁子。汉吴县人。武帝时，为中大夫侍中，后任会稽太守。与韩说破东越有功，官主爵都蔚。因与张汤相倾轧，为武帝所杀。

物、马匹的小官，以及君王身边携持器物的仆从，所有政府机构的各级官员，都要任用得力的人，因此，辅佐君王成就大德，哪里是一两个人的功劳啊？到了西汉时期，朝廷下诏书让地方郡府定期向朝廷推荐。官吏和庶民中优秀的人，让他们补充宫中宿卫的职位，这就是虎贲的责任。而君王身边照顾生活起居、执掌器皿物品、答疑解惑的人，都任用读书人，如孔安国执掌唾壶，严助、朱买臣专职对答，这就是近臣的职责。难道是古风尚未湮灭、汉人犹且得而闻之的缘故么？如果真的能精心挑选正直良善、博通古义的正人贤士，让他们分列在君主四周来参与讽谏议论，来提供参考意见，不必限定时日，经常礼貌地向他们求教，真诚对待他们，用温和的态度礼遇他们，则博通的普通士人有以对君主竭尽自己的情感与忠诚，而无所不达，那么君王这种增益学问，使自己更加聪明智慧的做法，应该不会在古人之后了。

桐葉封虞

图注：桐叶封虞

王[1]与其弟叔虞削桐叶为珪，戏曰："吾以此封若。"史佚命择日，王曰："吾与之戏尔。"史佚曰："天子无戏言，言则史书之，礼成之，乐歌之。"遂封叔虞于尧之故墟，曰唐侯。

焦竑解：

成王一日与他少弟叔虞在宫苑中闲游，将桐树叶翦削做诸侯所执的珪，戏与叔虞说："我把这珪封你为侯。"这是一时的戏语，那时有臣史佚在旁，就请命官择日，行册封礼，成王说："我只与他相戏尔，岂真欲封之耶？"史佚对说："天子口中无戏言，一言既出，史官就纪在书册上，行于政事，有大礼[2]以成之，有大乐[3]以歌之，如何戏得？今王之言既出，则亦因而封之，以践其言，可也。"成王遂封叔虞于唐尧旧都，号他为"唐侯"。成王自此一言不敢轻易，一事不敢苟且，竟成周家令主，固是史佚匡救之功，而王亦可谓善于从谏矣。

译文：

一天，成王和他的小弟弟叔虞在宫中花园玩耍，把桐树叶剪成诸侯手上拿的玉圭的样子，开玩笑地对叔虞说："我用这个珪封你做诸侯。"这只是一时的玩笑话。当时，大臣史佚就在旁边，就请求让相关官员选择良辰吉日，执行册侯大礼。成王说："我只是和他开玩笑罢了，哪里是真的要封他呀？"史佚回答说："天子口中没有戏言，一言既出，史官就会把它记录在史册上，按照它执行朝廷政事，用大礼的形式来正式促成它，用大乐的方式来公开颂

---

1 王：指周成王（公元前1055～公元前1021年）。姓姬，名诵，周武王之子，是中国西周第二代国王，谥号成王。

2 大礼：隆重的礼仪。《礼乐记》载："大岁与天地同和，大礼与天地同节。"

3 大乐：古代指典雅庄重的音乐。用于帝王祭祀、朝贺、宴飨等典礼。

扬它，怎么能够玩笑呢？现在大王您的话既然已经说出来了，就应该按照它来封叔虞为侯以履行您说过的话，这样才行。”于是成王就把叔虞封在尧帝的旧都，称他为“唐侯”。从此之后，成王说任何话都慎重，做任何事认真庄重，最终成为周朝贤明君主，这固然是史佚匡正补救的功劳，而成王也可以说是善于听取谏议的贤君啊。

亟用賢人

图注：亟用贤人[1]

宁戚[2]见说桓公以治境内,明日复见说桓公以为天下。桓公大说,将任之。群臣争之，曰："客卫人也，卫之去齐不远，君不若使人问之。问之而固贤者也，用之未晚也。"桓公曰："不然，问之患其有小恶，以人之小恶亡人之大美，此人主所以失天下之士也。"于是夜举火而爵之以为卿。

焦竑解：

宁戚见齐桓公，说之以治境内，明日复见，说之以治天下。盖知桓公可以有为故，勉之以霸，不徒保守一国而已。于是桓公大说，将任用之。群臣争曰："客卫人也，卫去齐不远，君不若使人至卫问之，卫人果以为贤，然后用之未为迟也。"桓公说："不然，人不能无过，恐其小恶不誉于乡党，则因以掩其美矣。以人之小恶，亡人之大美，此人主所以失天下之士也。"

夫马或以奔踶而致千里,士或有负俗之累而立功名[3]。盖英雄豪杰之流，多不护细行，或为乡曲所非笑，而其胸中固隐然自负以霸王之略，一旦遭时遇主，云蒸龙变[4]，不可羁制，而盖世之勋成矣。惟明君圣主，谅之于形迹之外，拔之于俦伍之中，如九方皋之相马，牝牡骊黄皆所不计[5]；如大匠之择木，不以尺寸之朽而废栋梁之用，斯足以展其奇耳。若拘拘然，察其

1　按：此条见于《吕氏春秋》卷一九。

2　宁戚（生卒年不详）：姬姓，宁氏，名戚。春秋莱棠邑（今青岛平度）人，卫国（今河南境内）人，早年怀经世济民之才而不得志。齐桓公二十八年（公元前685年）拜为大夫。后长期任齐国大司田，为齐桓公主要辅佐者之一。

3　按：此句典故出自《汉书·武帝纪》，公元前106年，汉武帝下了一道求贤令，中有："盖有非常之功，必待非常之人，故马或奔踶而致千里，士或有负俗之累而立功名。"颜师古注："踶，蹋也。奔，走也。奔踶者，乘之即奔，立则踶人也。"一说，奔踶犹奔驰。负俗之累是指因不谐于流俗而受到讥议。

4　云蒸龙变：云气兴起，神龙飞动。比喻英雄豪杰遇时奋起。

5　按：此句典故出自《列子》。九方皋是春秋时相马家，受伯乐推荐，为秦穆公相马三个月后，回报已得良马，乃牝（母马）黄色，在沙邱。秦穆公使人往取，见是牡（公马）而骊（黑）色的，很不中意，于是责问伯乐。伯乐认为：他相马看重内在精华，不求表面，后经验视，果是千里良马。

小节，遗其大略，以一人之誉而进之，以一人之毁而退之，则所得者不过曲谨之士而已。此汉人所谓“妇女之检柙，乡里之常人”[1]也，何足以有为哉。桓公既能举管仲于囚虏，于宁戚，又能排群议而用之，其为五霸之首，有以也夫。

译文：

宁戚拜见齐桓公，向他游说自己治理国家的方略，第二天又拜见桓公，向他陈述治理天下的道理。大概他知道桓公是可以有所作为的缘故，所以用成就霸主的方略来激励齐桓公，让他不要只知固守一方小国。于是桓公非常高兴，想要任用他。齐国的大臣纷纷谏阻说：“宁戚是卫国人，卫国离齐不远，您不如派人到卫国去查查他的情况，如果卫国的人果然认为他是个人才，再任用他也不迟。”桓公说：“不应该这样，人谁能没有过错，就怕他因为一些小毛小病不被乡里人所肯定，并进而埋没他的优点。因为人的小毛病而忽视他的大优点，这就是人主失去天下人才的原因。”

有的马一骑它就跑，站着就踢人，却能日行千里；有的人不被世俗认同，备受讥议，却能建功立名。大概英雄豪杰之类的人物，大多不在乎小节，因此而被同乡非议讥笑，而他的心中自然有着成就大业的大谋略，一旦得到时机，遇到圣主，就如云气兴起、神龙飞动，声势不可遏制，建立起盖世功勋。只有圣明的君主，能够容忍他们的不羁行迹，把他们从众人中选拔出来，如同九方皋相马，不管它是公是母、是黑是黄；如同工匠选择木头，不因为木头上有一小块儿腐朽就不把它作栋梁，这些小毛病也足以展示他的奇特之处。若凡事都要拘泥小节，因考察细节而遗漏了一个人的雄才大略，因一个人的赞誉而提拔他，因一个人的诽谤而贬黜他，那么所得到的不过是些做事谨小

---

1 按：此句出自《后汉书·仲长统传》卷四九。检柙：法度、规矩。

慎微的人罢了。这就是汉代人所说的“妇人中的恪守规矩者，乡里的庸常之人”了，哪里能有所作为！桓公既能将管仲从囚牢中发掘出来，对于宁戚，又能够力排众议来任用他，因此桓公成为春秋五霸之首，的确是有道理的。

戒君節飲

图注：戒君节饮

陈敬仲为公正[1]，饮桓公酒，乐。公曰："以火继之。"辞曰："臣卜其昼，未卜其夜，不敢。"

焦竑解：

陈敬仲，是陈国公子，名完，字敬仲，避乱适齐，齐桓公命为公正。尝饮桓公以酒，酒酣而乐，公以其夜也，欲以火继之，敬仲对说："臣之饮君，止卜其昼，未卜其夜。今继以火，使君纵酒留连，非臣之意也，故不敢。"左氏记此[2]，即赞之曰："酒以成礼，不继以淫，义也。以君成礼，弗纳于淫，仁也。敬仲此举，其于仁义可谓兼之矣。"盖酒者，先王设之以为祭祀宴享之需，不可尽废，然不以礼节之，伤性败德，无所不至。汉班伯曰："沈湎于酒，微子所以告去也[3]；式号式呼[4]，大雅所以流连也。"诗书淫乱之戒，其原皆出于酒，岂可纵哉？况人君动法于日，出而视朝，入而燕息，各有其度，乃可以保寿命之源，杜逸豫之渐。传曰："君就房有常节。"有志者，深惟古谊，时加儆戒，其无忘敬仲之言，可也。

译文：

陈敬仲，是陈国的公子，名完，字敬仲，为躲避战乱来到齐国，齐桓公任命他为公正。他曾得到桓公的宴请，一道喝酒，喝得酣畅痛快。桓公见天黑了，就想点灯继续喝。敬仲就说："我得到您的宴请喝酒，只想到在白天

---

1 公正：即"工正"，官名。执掌百工之官。《左传·庄二十二年》载。

2 按：《左传·庄二十二年》有记载。

3 微子去殷：商帝乙的长子微子启，是商纣王的哥哥，他看到纣王十分无道，屡次规劝他，纣王十分恼怒，但是又不好杀自己哥哥，于是就不听劝谏。微子启没有办法，只好把商朝祖先的牌位全部带走，离开了商纣王，投奔周武王，这就是著名的"微子去殷"的故事。周武王攻灭商朝后，微子启得到了优厚的待遇，他被周武王封于宋，爵位是公爵。

4 式号式呼：哀号哭喊。

喝，没有料到晚上接着喝。现在如果点灯继续喝酒的话，那我就是让您纵酒了，这不是我的本意，因此不敢从命。”《左传》中记载了此事，并称赞道：“酒是用来表达礼仪的东西，不过分沉溺于酒，这是义的要求。出于配合君王礼仪的缘故，所以喝酒，但又不让君王陷于纵酒的地步，这又是仁的行为。敬仲的举动，可以说是仁义兼顾了。”酒是先王用来祭祀宴飨的，不可以完全废除，但是如果不用礼来节制它的话，就会损伤性情、败坏道德，对人的各方面都有害处。《汉书》中，班伯说：“（商纣王）沉湎于酒色，所以微子离开殷商投奔周武王。纣王没日没夜，喝酒过度以至于醉中大呼大叫、哀号哭喊，《诗经·大雅》的作者也嗟叹以至于流泪泣涕。”诗书中关于风气不正、道德败坏的劝诫，都与酒有关系，怎么可以纵酒呢？何况君主的行动是根据太阳的出没规律来进行的，日出就上朝处理政事，日落就休息，每件事都有自己的分寸，这样才可以保护生命的源头，不让自己逐渐习惯安逸享乐。《左传》说：“君子入房休息有一定的时间规律。”有志向的人，常深入思考古代贤人的作风，时时来警戒自己。只要能不忘记敬仲所说的话，就可以了。

善言格天

图注：善言格天[1]

宋景公[2]之时，荧惑在心，公惧，召子韦[3]而问焉。子韦曰："荧惑者，天罚也。祸当于君，虽然，可移于宰相。"公曰："宰相所与治国家也，而移死焉不祥。"子韦曰："可移于民。"公曰："民死，寡人将谁为君乎？"子韦曰："可移于岁。"公曰："岁害，则民饥，民饥必死，为人君而杀其民以自活也，其谁以我为君乎？是寡人之命固尽已，子无复言矣。"子韦还走，北面，载拜[4]曰："臣敢贺君，天处高而听卑，君有至德之言，三天必三赏君。今夕荧惑其徙三舍[5]，君延年二十一岁。"公曰："何以知之？"对曰："有三善言，必有三赏。荧惑有三徙舍，舍行七星，星一徙当一年，三七二十一，臣故曰君延年二十一岁。臣请伏陛下以候之。"公曰："可。"是夕，荧惑果徙三舍。

焦竑解：

荧惑，是火星，心是东方之宿，当宋分野[6]。子韦，是宋太史[7]，善占候者。宋景公时，荧惑守心，景公问于子韦。子韦对说，荧惑是天之罚星，其占为乱、为贼、为疾、为饥、为兵，所居国受其殃。今分野在宋，则祸当于君。于是欲移于宰相，又欲移于民，又欲移于岁，景公皆不从，独愿以身当之，发三善言，而是日荧惑即退三舍，延年二十一岁。

---

1 按：此条出自《春秋别典》卷一五。

2 宋景公（？～公元前469年）：名子栾，在位48年，死后由侄子即位。他在位时宋灭曹国。

3 子韦（生卒年不详）：春秋时代宋景公时期的"司星"，即观察天象的国师。班固称他为阴阳家。

4 载拜："载"通"再"，两次，第二次。

5 舍：二十八宿，一宿叫一舍。三舍即日、月、星宿行次的位置。

6 分野：古时天子按天上所列星宿的地位而分封诸侯，列宿所当的区域叫做分野。

7 太史：官名。夏、商、周时期是史官及历官之长；西周、春秋时为地位很高的朝廷大臣，掌管起草文书、策命诸侯卿大夫、记载史事，兼管典籍、历法、祭祀等事；后来职位渐低，秦朝称太史令，汉朝属太常，掌天文历法；魏晋以后太史仅掌管推算历法；至明清两朝，修史之事由翰林院负责，因此又称翰林为太史。

其应有如影响[1]，何也？董子[2]有言，国家将有失道之败，天乃先出灾害以谴告之，不知自省，又出怪异以警惧之。顾人君以实应天，则天可格，以德胜妖，则妖可息。非祷祠祈禳之虚文可以塞责者，谓当妙选贤良，毗辅朝政，然后赏罚二柄更思其中。念名器[3]不可轻授也，则赏不加于无功；念纪纲不可寖弛也，则刑必行于有罪；知货财有限，则量出入而裁减之；知将士多惰则明号令而约束之，一令之出必信于人，一言可嘉必用其计，尽塞侥倖之路，精辨爱憎之言，推此类而具行之，虽有象纬之变，流行之灾，自当易而为嘉祥，转而为和气，何足为治之累哉？

译文：

荧惑，就是火星。心，是东方的星宿，在宋国的境内。子韦，是宋国的太史，善于根据天象的变化来预言吉凶。宋景公的时候，火星出现在心宿的位置上。景公向子韦问吉凶，子韦回答说，火星是天罚星，预示着国家动乱、贼寇横行、疾病肆虐、百姓受饥、战争四起，它所在的国家将会罹遭祸患。现在它在宋国境内，那么祸患将降临在君主身上。于是子韦想把灾祸转移给宰相、百姓、年岁，景公都不答应，只愿意自己亲身承担，并发出三句善言，而当日火星就退避三舍，宋景公自己也延寿二十一年。

天道运行自有规律，其报应之快如影子如声响，这话该怎么理解呢？董仲舒说过，一个国家如果有因失道而败落的迹象时，上天就会先用灾害的情形来谴责、告诫它；如果那个国家不知道反省，上天就会用怪异的事情来警告他，令他恐惧。当上天眷念人君以实际行动来应对它的警告，那么天意可以纠正。用美德战胜妖邪，那么妖邪就能够平息，不是祈求祷告等无意义的

1 按：此句典出自“天地之理，应如影响”。

2 董子：董仲舒，西汉经学家。

3 名器：名号与车服仪制。奴隶社会与封建社会用以别尊卑贵贱的等级。

礼仪形式就足以塞责的。应当选拔出贤良的人才，让他们辅助朝政，在这个过程中要体现出赏罚分明的理念。想着权力不能轻易授受，就不会赏赐那些没有功劳的人；想着纲常法度不能日渐松弛，就一定会惩罚有罪过的人；知道货物钱财有限，就会度量出入情况来进行财货的裁减；知道将、士多有懈怠懒惰之情，就应该申明法令来约束他们。命令一旦发出一定要让人信服，但凡谁有一句值得嘉赏的地方就一定要听取那个人的计谋。一定要堵死人们的侥幸、捷径之路，真切地辨析别人言论中的爱憎情感，照此类推去做，即使天象发生变化、灾害广泛流行，它们也会自动变为祥瑞，转变为和气，又哪里足够成为治理国家的负累呢？

自結履繫

图注：自结履系[1]

晋文公[2]与楚战，至黄凤之陵，履系解，因自结之。左右曰："不可以使人乎？"公曰："吾闻，上君之所与居，皆其所畏也；中君之所与居，皆其所爱也；下君之所与居，皆其所侮也。寡人虽不肖，先君之人皆在，是以难之也。"

焦竑解：

晋文公，春秋霸主，名重耳。黄凤之陵，是地名。文公与楚战，行到陵傍，履系解，文公不使他人，乃自结之。左右问曰："公何不使人而自劳乎？"公曰："我闻上等之君，其左右与处者，必其人之可敬者也；中等之君，其左右与处者，必其人之可爱者也；下等之君，其左右与处者，皆其人之可慢者也。结履之事，必可慢之人，乃可使之。若寡人，虽不敢言上君，所用者都是先君遗下的人，非可敬则可爱者也。岂有可敬可爱之人而使之执仆隶之役者乎？我是以难于使之也。"

文公左右，无非贤人，文公又能敬礼之如此，其名闻诸侯为五霸首，有以也。夫古人说："能师士者，王；能友士者，霸。"后世，"好臣其所教，不好臣其所受教"，岂不以霸王之业为美哉？其识趣不足以及此耳。

译文：

晋文公是春秋时期的霸主，他名叫重耳。黄凤陵，是地理名称。文公率军与楚国作战，行军到黄凤陵附近时，他的鞋带散开了，文公没有使唤别人，就自己动手系好了。文公身边随侍的人说："您怎么不使唤别人，竟然亲自

---

1 按：此条出自《韩非子·外储说左下·说三》。

2 晋文公（公元前 697 或公元前 671 ～公元前 628 年）：姬姓，名重耳，谥号曰"文"，侯爵，简称"晋重耳"。春秋中前期晋国国君，政治家、外交家，公元前 636 年至公元前 628 年在位。他是春秋时代第一强国的缔造者，开创了晋国长达一个多世纪的中原霸权。

动手呢？”文公说：“我听说，最优秀的君王，他身边跟随的人一定是他所敬畏的人；中庸的君主，他身边跟随的一定是他所喜欢的人；无能的君王，他身边跟随的一定是他轻慢的人。系鞋带这样的事情，一定是自己所轻慢的人，才会使唤来做的。像我，虽不敢自称是最优秀的君王，但是我所用的都是先王留下的人，他们不是让我敬畏的，就是让我喜欢的，哪里能让自己敬畏、喜欢的人去做奴才仆人才做的事情呢？我因此难以使唤他们。”

文公身边的大臣，没有不是贤能者，而文公又能如此敬重、礼遇他们，他能够在诸侯中闻名并且成为春秋五霸之首，是有道理的呀。古人说：“能以有才学之人为师，则能成就王业；能以有才学之人为友，则能成就霸业。”可是后世君王都如孟子所言，“只喜欢任用那些听他们话的人为臣，而不喜欢任用那些能够教诲他们的人为臣”，难道他们不觉得成就霸业、王业是美事吗？只是他们的见识趣味不足以达到成就霸业、王业的地步罢了。

夫婦如賓

图注：夫妇如宾[1]

臼季[2]使过冀，见冀缺耨，其妻馌之，敬，相待如宾。与之归，言诸文公曰："敬，德之聚也，能敬必有德，德以治民，君请用之。臣闻之出门如宾，承事如祭，仁之则也。"文公以为下军[3]大夫。

焦竑解：

臼季是晋文公之臣，名胥臣。冀是地名。冀缺是当时人，姓冀名缺。田中去草叫做耨，馌是馈食于野。臼季为晋文公使，过冀，见冀缺田中去草，其妻馈食于夫，甚为恭敬，相待如宾客一般。臼季知其贤，遂与之同归，言于文公说："敬是德所会聚，人能敬则众德皆归，故必有德。有德者足以居上治民，君何不用之？尝闻出门如宾，使民如祭，仁之则也。"出门使民，人所易忽。见宾承祭，人必加谨。于易忽之时，而能加敬谨，仁之法则即此而在。盖仁即人心，敬存则心存，乃其理耳。文公信之，即以为下军大夫。

孔子告仲弓为仁，亦曰："出门如见大宾，使民如承大祭。"岂其古语孔子闻而称之故耶？

大抵夫妇之间易为亵玩，况人主深宫之中，左卫袖而右姨施[4]，甘言逊色，争妍取怜，卒至昵能消正，义不胜恩。男牵于欲而失其刚，女狎于爱而忘其顺，沉溺浸深，忍情难决，敝有不可胜言者。孰若以礼隄防之，令宠嬖不犯而宫闱常肃之为美也哉？观者即冀缺之事亦可以得师也。

---

1 按：此条出自《左传·僖位公三十三年》。

2 臼季：胥臣，字季子，别称司空季子，晋将。

3 下军：古代军事编制称谓。大国分上军、中军、下军三军。次国分上、下二军。

4 左卫袖而右姨施：代指君王身边宠近的女子。"卫、袖、姨、施"疑指四位得帝王宠爱的女子，"卫"指汉武帝宠爱的卫子夫，"袖"指楚怀王宠爱的郑袖，"姨"不能确指，"施"指吴王夫差宠爱的西施。

译文：

臼季是晋文公时候的大臣，名叫胥臣。冀，是地名。冀缺是晋文公时候的人，姓冀，名缺。在田中除草叫做耨，馌的意思是给在田里劳作的人送饭。晋文公时，臼季受命出使，经过冀地，见冀缺在田里除草，他的妻子到田里送饭，两人之间态度恭敬，就如同对待宾客一样对待对方。臼季知道他的贤良，就带他一起回到晋国。臼季对文公说："恭敬，是德行的集中体现，一个人能做到敬，那么他一定具有其他所有优良品德，因此他一定是个有德行的人。有德行的人就足以身居上位来管理百姓，您为何不任用他看看呢？我曾听说，仁爱的准则就在于出门像会见宾客，支使百姓像参加祭祀一样。"人在外出和支使百姓的时候，容易大意忽略细节；而在会见宾客和参加祭祀时，就一定会多加谨慎。在容易轻慢大意的时候做到多加恭敬、谨慎，仁的法则就体现在这里。大体来说，仁就是人心，恭敬心在，人心就在，这就是仁的法理。晋文公听从了臼季的建议，任命冀缺为下军大夫。

孔子告诉仲弓怎么做到仁的时候，也说："出门如同会见重要宾客，管理百姓如同主持大型祭祀活动。"难道是孔子听到了古语然后才这么说的吗？

夫妻之间相处，很容易不庄重，更何况人主身处深宫之中，后妃环绕，她们甘言媚态，争妍斗艳，博取君王的怜爱，终至于帝妃关系狎昵而不庄重，道义敌不过私恩。男子被情欲牵制就会失掉他的刚性，女子沉迷情爱就会忘记她的恭顺，等陷溺沉沦，浸润渐深后，就难以割绝情义，它的弊端说也说不完。还不如从一开始就用礼来小心防范情爱的滋生，不专宠而令后宫妃嫔都恭敬端正，这样岂不美哉呢？人们由冀缺的故事，也可以得到教诲。

託相獻規

图注：托相献规 [1]

荆有善相人者，所言无遗策，闻于国。庄王[2]见而问焉，对曰："臣非能相人也，能观人之友也。观布衣也，其友皆孝弟纯谨、畏令如此者，其家必日益、身必日荣矣，所谓吉人也。观事君者也，其友皆诚信有行、好善如此者，事君日益，官职日进，此所谓吉臣也。观人主也，其朝臣多贤，左右多忠，主有失皆交争正谏如此者，国日安，主日尊，天下日服，此所谓吉主也。臣非能相人也，能观人之友也。"庄王善之，于是疾收士，日夜不懈，遂霸天下。

焦竑解：

荆是楚国，庄王是楚君。时有善相人之术者，名闻国中。庄王召而问之，其人说道："臣非善相人，但看人所交之友，便知其人之吉凶，百无一失。如看布衣之人，所交皆孝弟纯谨、畏上法令的，此其人亦必孝弟纯谨、畏令者也，由此家日益，身日荣，岂不谓之吉人乎？看事君之臣，所交皆有诚信、有行谊、一心好善的，此其人亦必诚信有行、好善者也，由此事君日益，官职日进，岂不谓之吉臣乎？看人主，其朝臣多贤人，左右多忠直，遇人主有差失都交争正谏、不肯苟从，则人主所行得免于过动，由此国安主尊，天下日服，岂不谓之吉主乎？故我看人之吉凶，非决于其人，决于其友也。"此人盖有道而托于术以讽者。庄王闻其言，大喜之，于是亟收士以自辅，朝夕不懈，遂得孙叔敖[3]、将军子重[4]之属以备卿相。楚成霸功，国安主尊，天下日

1　按：此条出自《吕氏春秋·贵当》。

2　庄王：即指楚庄王（？～公元前 591 年），又称荆庄王，芈姓，熊氏，名侣（一作吕、旅。先秦时期男子称氏不称姓，所以应该称为熊侣而不是芈旅），谥号庄。楚穆王之子，春秋时期楚国最有成就的君主，春秋五霸之一。

3　孙叔敖（约公元前 630 ～公元前 593 年）：蔿氏，名敖，字孙叔，楚国（今荆州沙市）人，春秋时期楚国名相，杰出的政治家。

4　子重（？～公元前 570 年）：芈姓，熊氏，名婴齐，字子重。春秋时楚国令尹。楚穆王之子，楚庄王之弟。

服，果如相人者之言。语曰：“安危在出令，存亡在所任。”[1] 岂不信然哉？

译文：

荆指楚国，庄王是楚国国君。当时有一个擅长看相的人，闻名全国。庄王就召见他询问他相人的秘诀。那个人说到：“我不是善于看相，只是看看那个人所结交的朋友，就知道他的吉凶了，百无一失。比如相看普通百姓，他所结交的都是些孝顺父母、友爱兄弟、纯正谨慎、敬畏法令的人，那这个人也一定是孝顺父母、友爱兄弟、纯正谨慎、敬畏法令的人，因此可以知道他的家一定越来越兴旺，他自身也会逐渐荣显，这不就是有福的人吗？相看侍奉君主的大臣，他所结交的都是些忠诚信义、有德行、一心好善的人，那这个人也一定忠诚信义、有德行、好行善，由此可以知道他一定会为君王办事越来越好，官职也会一天天高升，这不就是贤能的大臣吗？相看君王，他的朝中大臣多是贤良之人，身边跟随的多是忠心正直的人，当君主有失误、过错的时候他们都争相纠正劝谏、不肯盲目依从，那么君主就会没有错误的行为，由此，国家安定、君主尊贵，天下也日渐归服，这不就是贤明的君主吗？因此我判断一个人的吉凶祸福，不是取决于他个人，而是取决于他的朋友。”这个人大概是颇有思想,借助相人方法来进行讽谏的。庄王听了他的话，非常高兴，于是立刻下诏广收贤士来辅佐自己，日夜不肯懈怠，终于得到孙叔敖、将军子重等贤能的人来做卿相。楚国最终成就霸业，国家安定，君主尊贵，天下信服，果然和相面的那个人说的一样。古话说：“国家的安危在于所制定发布的法令，国家的存亡则在于所任用的人。”难道不是这样吗？

1　按：此句出自《尚书》，意思是安危来自于所下达的命令，存亡在于所任用之人。

廷理執法

图注：廷理执法[1]

楚庄王有茅门[2]者，法曰："群臣大夫、诸公子入朝，马蹄蹂霤者，斩其辀而戮其御。"太子入朝，马蹄蹂霤，廷理[3]斩其辀戮其御。太子怒，入为王泣曰："为我诛廷理！"王曰："法者，所以敬宗庙、尊社稷，故能立法从令、尊敬社稷者，社稷之臣也，安可以加诛？夫犯法废令，不尊敬社稷，是臣弃君、下陵上也。臣弃君则主失威，下陵上则上位危，社稷不守，吾何以遗子？"太子乃还走，避舍再拜请罪。

焦竑解：

楚庄王时，有门名曰茅门，楚国之法，群臣诸公子至此俱下车，若马蹄践檐下之霤者，斩其车之辀，并刑戮其御车之人。太子入朝犯之，是时廷理即行此罚，亦可谓能守法矣。太子不知，怒其辱己，故入而泣，欲王诛廷理。王告太子说："法者，非一人之法，所以敬宗庙、尊社稷者也。故臣下有能立法从令、尊敬社稷者，就是社稷之臣。社稷之臣，岂可加诛？若犯法废令、不敬社稷，是为臣而弃君、居下而犯上。臣弃君，则主不能固其威。下陵上，则上不能安其位。如此社稷且不可保，吾将何以遗子乎？"于是太子退，走避其所立之位，而再拜请罪。

尝闻国无常强，亦无常弱。奉法强则国强，奉法弱则国弱[4]。然行法当自贵近始，若能行于疏远、不能行于贵近，则人皆得而挠之，势必至贿赂公行，豪强得志，法吏因缘为奸而上下其手，百姓之怨谤业兴，国家之社稷不保矣。楚王之能行法如此，所以能狎主[5]夏盟[6]，与齐桓、晋文争烈也。

1　按：此条最早见于《韩非子》卷一三。
2　茅门：雉门，古王宫五门之一。
3　廷理：春秋时楚国官名，掌刑狱。
4　按：此句出自《韩非子·有度》，曰："国无常强，无常弱。奉法者强则国强，奉法者弱则国弱。"
5　狎主：交替主持。
6　夏盟：古代华夏诸侯国间的结盟。

译文：

楚庄王的时候，王宫有道门叫做茅门，并立下法令，朝中大臣、王孙公子到这道门前都要下车，如果谁的马蹄践踏了茅门屋檐下的雨槽，就斩断他的车辕，并且杀了驾车的车夫。太子入朝的时候触犯了这条法令，当时廷理就执行了刑罚，可以说是遵守了法律。太子不理解这一点，恼怒他羞辱了自己，因此入宫向庄王哭诉，想要庄王杀了廷理。庄王告诉太子说："法律，不是一个人的法律，它是用来礼敬宗庙、尊重社稷而建立的东西。因此能够建立法律并且遵守它、尊敬国家政权的人，就是国家栋梁之臣。国家的栋梁之臣，怎么能够诛杀呢？如果遇到违法行为不去制止，致使法令废弛，这是不尊敬国家政权，这些做法实际是做臣子的用他们的行为抛弃了君主，居下而犯上。臣子抛弃君主，君主就不能巩固他的威严；以下犯上，身处上位的人就不能安处于他的位子，这样的话，国家政权尚且无法保存，那么我拿什么来留给你呢？"于是太子退下，走的时候避开自己刚才站立的位置，郑重地拜了两拜来表示请罪。

我曾听说，国家没有一直强盛的，也没有一直孱弱的。执行法令强劲，国家就强大，执行法令绵软，国家就软弱。不过，推行法令应该从位高权重和关系亲近的人开始，如果法令只在与自己关系疏远的人中间推行，而不施用于那些身处尊位、与君主有亲的人，那么大家都会想尽办法阻挠它的执行，最终一定会导致行贿受贿公然而行，强横有势之人志得意满，执法的官吏也借机狼狈为奸、颠倒是非，百姓由此怨恨、非议横生，国家的政权也就不保了。楚王能够严格执行法令，这就是为什么他能够交替主持诸侯国同盟，与齐桓公、晋文公比功勋、争霸业的原因。

仁言動眾

图注：仁言动众[1]

楚王围萧[2]，萧溃。申公巫臣[3]曰："师人多寒。"王巡三军，拊而勉之，三军之士皆如挟纩。

焦竑解：

萧是国名。民逃其上，曰溃。申公巫臣，是楚臣纩绵也。楚王围萧，萧人溃。时天寒，申公巫臣言于王说："三军之士多寒。"王闻其言，于是巡行军中，拊循而勉劳之。但见三军，感王之恩，一时皆忘其寒，即如挟纩之温一般。

夫言者，我之所轻，命者，彼之所重。今一言感人，而能使三军之士争出死力以相为，则绝远其下视之如草芥者，彼岂肯忘身以为国哉？古人有言："视卒如婴儿，故可与之赴深溪；视卒如爱子，故可与之俱死。"非虚语也。虽然用兵之道，恩意不可不笃，纪律不可不明。昔穰苴戮庄贾[4]、孙武斩宫嫔[5]，号令严肃，懔不可犯，故可进可退，蹈水火而不辞。盖恩施然后行法，法行然后知恩，两者固相济而不可偏废也。若承平既久，将骄卒惰，平时畜养之恩视之为当然，小不如意则奋挺而呼，此乱之道也。高欢[6]言："吾至洛阳，宿卫羽林相率焚领军张彝[7]宅，朝廷惧乱而不问。为

1　按：此条出自《左传·宣公十二年》。

2　萧：古国名，春秋时宋的附庸，灭于楚。地在今安徽省萧县西北。

3　申公巫臣（生卒年不详）：芈姓，屈氏，名巫，一名巫臣，字子灵。春秋时期楚国申县（今河南南阳北）县尹。

4　司马穰苴：是继姜尚之后一位承上启下的著名军事家，曾率齐军击退晋、燕入侵之军，因功被封为大司马，子孙后世称司马氏。

5　孙武（约公元前 535 ~？）：字长卿，中国春秋时期齐国乐安（今山东惠民，一说博兴，或说广饶）人。著名军事家。著有巨作《孙子兵法》十三篇，为后世兵法家所推崇，被誉为"兵学圣典"。

6　高欢（496 ~ 547 年）：北齐神武帝，鲜卑名为贺六浑，祖籍渤海郡蓨县（今河北景县南），世居怀朔镇（今内蒙古包头东北，一说内蒙古固阳），成为鲜卑化的汉人。他是东魏王朝的建立者之一，也是北齐王朝的奠基人。

7　张彝：字庆宾，北魏清河东武城人。

政若此事，可知已。”因倾产结客，有横行天下之意。夫以纪纲不立，军政废弛，至于奸雄生心，祸乱日起，则徒惠岂足恃哉？此又不可不知。

译文：

萧，是国家的名称。百姓抛弃君王四处逃亡，叫做溃败。申公巫臣，是楚国的大臣。楚庄王围攻萧国，萧国溃败。当时天气非常寒冷，申公巫臣对庄王说：“三军将士大多非常冷啊。”庄王听了他的话，就亲自到军中巡视，安抚勉励他们。只见三军将士，感念君王的恩德，一时间都忘记了寒冷，如同穿着棉衣一样温暖。

言语，是我所不重视的，而性命，是他们所看重的。现在因为一句话感动人，就能令三军将士争相拼死相报，这与那些不看重下属、视他们如同草芥的人非常不同，那些视下属如草芥者谁肯舍生忘死的为其出力呢？古人说：“把士卒当做婴儿一样看待，那士卒就可以和他一起跳进渊深的溪流；把士卒当做疼爱的孩子一样看待，士卒就可以和他一道赴死。”这不是一句空话。尽管这样，但行军打仗的道理应该是，恩泽、情谊不可以不深厚，纪律不可以不严明。过去穰苴杀庄贾、孙武斩宫嫔，号令严肃庄重，凛然不可侵犯，因此行军有方，可进可退，赴汤蹈火，在所不辞。大体来说，施恩之后执行法令，法令执行之后才知道感念君恩，两者本来就是相互促成、不可以偏废的。如果国家太平的时间长了，将领就会骄傲，士卒会懒惰，把君王平日里扶植培养的恩德当做是理所当然，稍有点不如意就站出来叫喊，这将导致国家动乱。北齐神武帝高欢说：“我到洛阳的时候，宫中禁军争先恐后地焚烧将领张彝的宅院，朝廷惧怕大乱而不敢责问。北魏政局如何，通过这件事就可以知道了。”于是高欢倾尽财产结交天下义士，横生王霸天下的野心。由于纲纪不立，军政荒废松弛，以至于奸雄生出异心，祸乱连连兴起，那么只施行恩惠又哪里足够依恃呢？这个道理又是不可以不知道的。

因樂求賢

图注：因乐求贤[1]

悼公[2]与司马侯升台而望，曰："乐夫？"对曰："临下之乐则乐矣，德义之乐则未也。"公曰："何谓德义？"对曰："诸侯之为，日在君侧，以其善行，以其恶戒，可谓德义矣。"公曰："孰能？"对曰："羊舌肸[3]，习于春秋。"乃召叔向，使傅太子彪。

焦竑解：

悼公是晋悼公，司马侯是晋大夫，羊舌肸是叔向名。春秋，当时纪事的书，列国史书通有此名。悼公与司马侯升台望远，以为甚乐。司马侯恐其以佚游而忘德义也，对说："升高临下，乐则乐矣，德义之乐则未也。"公问："何谓德义？"侯对说："诸侯凡有作为，日有贤人在其左右，以其善导君行之，以其恶为君戒之，如此可谓德义矣。"公又问："谁能如此？"侯对说："羊舌肸，习于春秋，必能以德义辅君。"乃召叔向，为子之傅。

盖人君之心，不用于佚乐，必用于亲贤。二者，人心观望之所系，国家治乱之所出，不可不谨也。何则？君好德义，则贤人皆动其心，欲助成上之德义而图天下治安，故治必从之；君好佚乐，则小人皆动其心，欲承顺上之佚乐而图一身富贵，故乱必从之。人君纵以佚游为乐，独不为一身之修否计乎？独不为天下之治乱计乎？宣王[4]命鲁孝公[5]训导诸侯，为其赋事行刑，必问于遗训，而咨于故实，不干所问，不犯所咨。而贾谊论谕教，亦欲选天下

1　按：此条出自《国语·晋语七》。

2　晋悼公（公元前586～公元前558年）：姬姓，晋氏，名周，一名纠，称晋周。公元前573年至公元前558年在位，春秋中期晋国杰出的君主，年轻而又优秀的政治家，晋国霸业的复兴者。

3　羊舌肸（？～公元前528年）：姬姓，羊舌氏，名肸，字叔向，又字叔誉，因被封于杨（今山西洪洞县），以邑为氏，别为杨氏，又称叔肸、杨肸。春秋后期晋国贤臣，政治家、外交家。

4　宣王：周宣王，姬姓，名静（一作靖），周厉王之子，中国周朝第十一位王，公元前827年至公元前781年在位，死后被追谥为世宗。

5　鲁孝公（？～公元前769年）：姬姓，名称。为鲁国君主之一，是鲁国第十二任君主，鲁武公之子。公元前796年，周宣王率领诸侯军队讨伐鲁国，杀死伯御（鲁废公）立姬称为鲁国君主。

之端士、博闻有道术者，以卫翼之。盖咨询旧章，考求古义，苟非其人难以称职。正司马侯举叔向意也。不然，邪僻者无以弼违[1]，空疏者无以待问，其何益之与？有此，最所当先择也。

译文：

悼公是晋悼公，司马侯是晋国的大夫，羊舌肸是叔向的名字。《春秋》，是当时记载事实的书籍，各国的史书通用这个名字。悼公和司马侯一起登上高台远望，认为是件非常快乐的事情。司马侯担心悼公因为游玩而忘记德义，就对悼公说："居高临下，快乐是快乐，但没有德义上的快乐。"悼公问道："什么是德义呢？"司马侯回答说："凡是有作为的诸侯，每天都有贤良之人陪在他的身边，凡认为好的东西，就引导君主实行，认为坏的东西，就进行劝谏，这样就可以说是德与义了。"悼公又问："谁能够这样？"司马侯回答说："羊舌肸，他熟习《春秋》，一定能够以德义来辅佐君主。"悼公于是召见叔向，让他做太子的师傅。

君主的心思不是用在享乐上，就一定是用于亲近贤人。这两个方面，关系着人心所向，是国家治乱的根本，不可以不谨慎对待。为什么呢？假如君主喜好德义，贤良之人就会动心，期望帮助君主成就德义，然后谋图天下安定大治，那么国家大治的情形也必随之出现；君主如果耽于游玩享乐，小人就会动心，想要奉承、顺从君主游玩享乐的心思，以求个人的荣华富贵，国家也会因此出现大乱。君主即使是把游玩当做快乐的事情，难道就不考虑一下自身修为的完善与否吗？难道就不考虑一下国家的治乱吗？周宣王命令鲁孝公来训导各路诸侯，因为鲁孝公做事、执行刑罚的时候，一定会遵从古人遗训，从历史事实中寻找经验教训，从不违拗遗训，也不重犯历史过错。而

1　弼违：辅助，特指臣下辅佐君王。

贾谊在论述教诲皇子的方法时，也认为要挑选天下品行端正、博学多识、有谋略的士人来辅助皇子。大概咨询过去的典章制度，考辨寻求古人风义，不是合适的人就很难做到称职，这才是司马侯举荐叔向的真正意图。不然的话，乖戾不正的人不足以辅佐君王，学问空疏浅薄的人无法应对君王的疑惑，那选这样的人在君王身边又有什么益处呢？有鉴于此，最应该优先选择的是择取合宜的人作为辅翼。

得賢弭盜

图注：得贤弭盗[1]

晋侯以黼冕[2]命士会[3]将中军，且为太傅[4]，于是晋国之盗逃奔于秦。羊舌职曰："吾闻之，禹称善人，不善人远[5]，此之谓也。夫善人在上，则国无幸民。"

焦竑解：

士会，范武子也。黼冕，命卿之服。晋置三军，以上卿[6]为中军帅，执政者也。羊舌职，晋大夫。"称"字解做"举"字。晋侯以黼冕命士会将中军，加以太傅之官，于是晋国之盗逃奔于秦。羊舌职说："我曾闻禹举善人，则不善人远去，可见善人在上，侥幸之民自无所容于国，非驱之也。"盖朝廷用非其人，则操柄者以姑息为政，而不必惩恶；嗜利者以苟免为事，而无心畏罪，盗贼公行，实自上教之也。惟贤人者，德行足以服远近之心，威望足以寒奸邪之胆，一旦柄用，岂但可为弭盗计哉？如魏文侯[7]师卜子夏[8]、友田子方[9]，秦人不敢窥兵于西河；孝文[10]使魏尚为边守，匈奴不敢南向；楚用子玉

1　按：此条出自《春秋正传》卷二一。

2　黼冕：古代大夫以上祭祀时的礼服礼冠。

3　士会（约公元前 660 ~ 公元前 583 年）：即范武子，春秋时期晋国大夫。祁姓，士氏，名会，字季，因封于随，称随会；封于范，又称范会；以大宗本家氏号，又为士会。

4　太傅：中国古代职官，周代设置，为辅弼天子之任；汉代复置，次于太师；春秋时期晋国，为国王的辅佐大臣（辅弼官，国王年幼或皇室暗弱时可以代为管理国家），掌管礼法的制定和颁行，三公之一；齐国和楚国设太傅。秦朝废止。西汉曾两度短暂复置该职位；东汉则长期设立。历代沿置，多用为大官加衔，无实职。

5　禹称善人，不善人远：此句见《左传·宣公十六年》。称：举荐意。

6　上卿：古代官名。春秋时，周朝及诸侯国都有卿，是高级长官，分为上、中、下三级（即：上卿、中卿、下卿）；战国时作为爵位的称谓，一般授予劳苦功高的大臣或贵族，相当于丞相（宰相）的位置，并且得到王侯、皇帝的青睐。

7　魏文侯（？ ~ 前 396 年）：战国时期魏国的建立者，姬姓，魏氏，名斯，一曰都。公元前 445 年，继魏桓子即位。公元前 403 年，韩、赵、魏被周王与各国正式承认为诸侯，成为封建国家。

8　卜子夏（公元前 507 ~ 公元前 420 年）：姓卜，名商，春秋晋国人，孔子的学生，"七十二贤"之一。

9　田子方：姓田，名无择，字子方，魏国人，是孔子弟子子贡的学生。

10　孝文（公元前 202 年 ~ 前 157 年）：指汉文帝刘恒，汉高祖刘邦第四子。汉代第五位皇帝，在位 23 年，享年 47 岁，庙号太宗，谥号孝文皇帝。

为将，则文公侧席而坐。古人谓："十万之众不如一贤。"非虚语也。永和中，李固朝会，见侍中并皆年少，无一宿儒大臣可压群望者，为之叹息。然则未得贤当思致之，得贤当思爱惜而尽其用，勿徒漫不加意，使奸人、敌国恣行而莫之忌也。

译文：

士会，是指范武子。黼冕，是卿大夫受命时的礼服。晋国设置有三军，用上卿作为中军统帅，执掌军政。羊舌职，是晋国的大夫。"称"字在这里解释为"举"的意思。晋侯将卿大夫的礼服授给士会，让他统帅中军，并任命他为太傅，于是晋国的盗贼都逃到秦国去了。羊舌职说："我曾听说大禹任用贤德善良的人执掌政权，结果那些行为不端的人都远远地离开了，由此可见贤德良善的人在上位执政，那些心存侥幸的为恶之人就会在该国没有容身之地，不用驱赶（他们就自动逃离了）。"朝廷如果用人不当，那么掌权的人就会纵容那些奸恶的人，而不是对他们进行惩罚；追求私利的人就会一心想着要怎样避免受到惩罚而不会有所畏惧，于是盗贼公然横行，这实在是由身处上位的人自己教导出来的呀。只有贤德的人，他的品德、行为足以平服远近众人之心，他的威望足以令奸诈、邪恶的人心惊胆寒，一旦权柄让贤人执掌，岂止是为消除盗贼考虑啊！像魏文侯拜卜子夏为老师，与田子方为友，结果秦国不敢在黄河以西用兵进犯；汉文帝让魏尚镇守边境，结果匈奴不敢向南进犯；楚国任命子玉为大将，晋文公因此坐立不安，十分忧虑。古人说："十万普通之众抵不上一个贤能之人。"这不是虚言。永和年间，李固前去朝见天子，看到天子身边的侍臣都是年轻人，没有一个是博学、有威望、能服众的大臣，深为叹息。君主如果没有得到贤人，就要想着如何招纳他们，得到贤人之后，就要想着爱惜他，并且让他尽情发挥才学，千万不能只是漫不经心地待他，最终使得奸邪小人与敌国恣意横行而无所顾忌。

攲器示戒

图注：攲器示戒[1]

孔子观于周庙，有攲器[2]焉。孔子问守庙者，曰:“此为何器？”对曰:“盖为右座之器。”孔子曰:“吾闻右座之器，满则覆，虚则攲，中则正，有之乎？”对曰：“然。”孔子使子路取水而试之，满则覆，中则正，虚则攲。孔子喟然叹曰:“呜呼！恶有满而不覆者哉？”子路曰:“敢问持满有道乎？”孔子曰:“高而能下，满而能虚，富而能俭，贵而能卑，智而能愚，勇而能怯，辩而能讷，博而能浅，明而能暗，是谓损而不极。能行此道，惟至德者及之。”《易》曰：“不损而益之，故损；自损而终，故益。”

焦竑解：

孔子观于周庙，见有一攲器，问守庙者说：“此为何器？”他对说：“此是右座之器。”孔子说：“尝闻此器，盛水满则覆，无水则攲，水酌中则正，果如此否？”守庙者对曰:“然。”于是使子路取水试之,果是如此。孔子有感，喟然叹曰：“呜呼！人岂有盈满而不倾覆者哉？”

盖古人深明盈虚消息之理，进退存亡之道，著为明训，不一而足。犹恐人不能警醒，故制为是器寘于座右，时时见之，入目警心。不敢自满，则天下国家可以长保而不至于倾危，此古人深戒后人之意，孔子所以见之而兴叹也。子路因问持满之道，孔子说：“高能处之以下，满能处之以虚，富能处之以俭，贵能处之以卑，智而能若愚，勇而能若怯，辩而能若讷，博而能若浅，明而能若暗，是谓能自损而不使至于穷极，非至德不能及此。”又引《易》之言说，能自损者终必至于益也。孔子此言说持盈守满之道，可谓深切著明矣。人主宜写一通置之座侧,比于侑卮[3],可也。昔宋真宗[4]尝为《攲器论》以

---

1 按：此条最早见于《说苑》卷一〇。

2 攲器：古指改装过的汲水陶罐，用以专指古时国君置于座右，以为不要过或不及之劝戒的象征器具。

3 侑卮：即攲器。文子《守弱》曰：“故三皇五帝有劝戒之器，命曰侑卮。”

4 宋真宗：赵恒，惑于谶纬之术，曾与辽国签订“澶渊之盟”。

示群臣，亦可谓知自警者，然犹不免于天书之诳惑，则非知之艰，行之惟艰，岂不信哉？

译文：

孔子观览周室的宗庙，见到那里有一个倾斜的器具，就问守庙的人说：“这是什么器具？”守庙人回答说：“这是君主座位右边的器具。”孔子说：“我曾听说过这个器具，盛满水就会倾倒，没有水就会倾斜，只有斟酌最合适的水位才会端正，果真是这样吗？”守庙人说：“是的。”于是孔子让子路取水来试验，果然是这样。孔子颇有感慨，叹息道：“唉！人哪里有盈满而不倾覆的道理呢？”

大概古人深深明白盈虚消长、进退兴亡的道理，写成明确训诫，这种情形非常多，难以枚举。但仍然害怕不能让人警觉醒悟，因此制作了攲器这种器具放在座位的右边，希望眼睛时时看到它、心里每时警记它。君王不敢自满，于是国家就可以长治久安而不至于面临倾覆的危险了，这就是古人警戒后人的用意，也是孔子看到它而深有感叹的原因。子路向孔子请教保持盈满而不倾覆的办法，孔子说：“能用卑下的心态身处高位，能用空乏的态度对待完满，能用勤俭的方式对待富裕，能用谦卑的态度面对显贵，聪明智慧却能看似愚笨，勇敢大胆却能看似畏怯胆小，能言善辩而能看似木讷笨拙，博学广闻而能看似肤浅，贤明有识而能看似昏聩暗昧，这就是能够自我贬损，而不让自己走向极端，不是道德完美的人不能做到这样。”孔子又援引《易经》中的话说，能够自我贬损的人最终一定会获益。孔子解释持盈守满的这番道理，可以说是深刻而显明啊。凡人主都应该将孔子这番话写下来放在座位的旁边，就如同放攲器的意思一样。以前宋真宗曾作《攲器论》，并且把它拿给群臣看，也可以说是知道自我警示的人了，然而仍然免不了受惑于谶纬之术，可见明白道理不难，而能按照它行动才难，难道不是说得很对吗？

金人示戒

图注：金人示戒[1]

孔子观于太庙，右阶之前有金人焉，三缄其口，而铭其背曰："古之慎言人也，戒之哉。无多言，多言多败；无多事，多事多害；安乐必戒，无形所悔。勿谓何伤，其祸将长；勿谓何害，其祸将大；勿谓莫闻，神将伺人。荧荧不灭，炎炎奈何？涓涓不壅，终为江河；绵绵不绝，将成网罗；毫末不札，将寻斧柯。诚能慎之，福之根也。口是何伤，祸之门也。君子知天下不可上也，故下之；知众之不可先也，故后之。温恭慎德，使人慕之；执雌持下，人莫踰之；人皆趋彼，我独守此。"孔子顾谓弟子曰："其言虽鄙，而中事情。"

焦竑解：

金人，是铸铜为人。三缄，口上加以三结，示不可容易出言的意思。铭词明白详悉，无待衍说。大抵古人制器尚象，无非至教，如汤有盘铭，武有刀剑、户牖铭，目击道存，令人有惕然警醒者。若太庙金人、敧器尤为显著，况皆经大圣人论说一番，学者时时细玩之，不虚古人垂戒至意，可也。

译文：

金人，是用铜铸造的人。三缄，是在嘴上加许多道封条，表示不可以随便说话的意思。铭文所说内容清楚、详细、周全，不需要再复述。古人往往根据要表达的意思制造器具，无非要达到教化世人的目的。比如商汤有刻在盘子上的铭文，周武王有刻在刀剑、窗户上的铭文，目光所到之处都是铭言，往往令人倍感惶恐，警觉醒悟，像在太庙放置金人和敧器的做法，意思尤其明显、刻意。更何况这些做法再经过著名圣贤的一番论述，学习者若能时刻玩味体会，不辜负古人用最精粹的道理垂戒后世的目的，就可以了。

1 按：此条出自《大学》。

賤貨尊賢

图注：贱货尊贤[1]

王孙圉聘于晋，定公飨之。赵简子鸣玉[2]以相问于王孙圉，曰："楚之白珩[3]，犹在乎？其为宝也，几何矣？"曰："未尝为宝。楚之所宝曰观射父，能作训词以行事于诸侯，使无以寡君为口实；又有左史[4]倚相能道训典以叙百物，以朝夕献善败于寡君，使寡君无忘先王之业，此楚国之宝也。若夫白珩，先王之玩也，何宝焉？"

焦竑解：

王孙圉，楚臣。简子，晋卿，赵鞅也。鸣玉，鸣其珮玉以相礼。珩，珮上之横者。观射父、左史倚相，二人皆楚臣。王孙圉聘于晋，定公飨之。赵简子鸣玉以相礼问王孙圉说："闻楚有白珩，今犹在乎？其为宝，值几何？"王孙圉说："金玉玩好，有之不足重，无之不足轻，楚何宝焉？楚惟以观射父与左史倚相二贤为宝。盖观射父善于词令，能作训词以行事于诸侯，使无以君为口实而非毁之；左史倚相能读《三坟》、《五典》、《八索》、《九丘》之书[5]，道训典以叙百事，或善或败，朝夕献之于君，使无忘先王之业。故友邦辑和而无所违，强邻环伺而不敢动，使国家重于九鼎大吕者，此楚之宝也。若白珩不过先王之玩具而已，何足为宝哉？"《大学》所引"楚国无以为宝"、"惟善以为宝"二句正指此而言。古语云："宝，得其宝者安；宝，失其宝者危[6]。"王孙圉之言能辨于此，亦可谓使于四方不辱君命者已。

---

1 按：此条内容最早见于《国语》卷一八。

2 鸣玉：古人在腰间佩带玉饰，行走时使之相击发声。

3 白珩：楚国著名的佩玉。

4 左史：周代史官分左史、右史。左史记言，右史记事。

5 按：《左传·昭公十二年》曰："是能读《三坟》、《五典》、《八索》、《九丘》。"杜预注："皆古书名。"这些古书，相传为我国最早的古籍。三坟：指伏羲、神农、黄帝的书；五典：指少昊、颛顼、高辛、唐、虞的书；八索：八卦；九丘：九州之志。明代程登吉《幼学琼林》解释说："三坟五典，乃三皇五帝之书；八索九丘，是八泽九州之志。"

6 按：此句出自《孟子·诸侯之宝》。

译文：

王孙圉，是楚国的大臣。简子，是晋国的上卿赵鞅。鸣玉，通过腰间佩带的玉饰发出声音来表达礼节。珩，是佩玉上面的横玉。观射父、左史倚相，两人都是楚国的大臣。王孙圉出使晋国，晋定公设宴款待他。晋国上卿赵简子佩着鸣玉来见他，并问道："听说楚国有白珩，现在还在吗？作为一件宝物，它价值多少啊？"王孙圉回答说："金玉玩好之物，有它们不觉得特别重要，没它们也没什么大不了的，楚国怎么会把它当做宝呢？楚国只把观射父和左史倚相两位贤人当做是宝。观射父善于外交辞令，能够为楚王撰写敕诰文书，他周旋在各个诸侯国之间，使别国无法抓到楚君的话柄来非议、毁谤楚国；左史倚相能熟读《三坟》、《五典》、《八索》、《九丘》等古书，能通过讲说先王的遗训、典制以解说百事，能早晚将事物兴衰存亡的道理讲给国君听，使他不忘记先王的基业，从而能与友国和睦相处而没有什么龃龉不和，也能令强邻环伺而不敢轻举妄动。能令国家在众诸侯国中占有重要地位，说话有分量的人才，才是楚国的宝贝。至于白珩，它不过是先王玩赏的东西罢了，哪里称得上是宝贝呀？"《大学》中所引的"楚国没有什么可以当做宝贝的""只有贤良善德的人才是宝"两句话所指的正是王孙圉与赵简子这段对话之事。古语说："宝贝，只有得到真正宝爱它的人，才会安然而在；宝贝，没有宝爱它的人，就会危险。"王孙圉的话对这个道理有辨析意义，王孙圉也可以说是出使四方又不辱没君王重托的人了。

泣思直臣

图注：泣思直臣[1]

周舍语赵简子[2]曰："愿为谔谔之臣，墨笔操牍，从君之过而日有记也，月有成也，岁有效也。"简子居则与之居，出则与之出。无何而舍死。后与诸大夫饮于洪波之台[3]，酒酣，简子泣。诸大夫出走曰："臣有罪而不自知。"简子曰："大夫无罪。昔周舍有言曰：'千羊之皮不若一狐之腋，众人之诺诺，不若一士之谔谔。'昔者商纣默默而亡，武王谔谔而昌，今自周舍之死，吾未尝闻吾过也。吾亡无日矣，是以寡人泣也。"

焦竑解：

谔谔是直言无隐的模样。简子之臣有周舍者，说愿为谔谔之臣，墨笔操牍以从，书君之过，日有记，月有成，岁有效，庶几君之有所警醒也。简子从之，朝夕出入皆与之俱。未久而周舍死。他日，与诸大夫饮于洪波之台，酒酣，忽思周舍，为之泣下，诸大夫不知，以为必有得罪处，走而请问。简子说："大夫无罪。昔周舍有言：'千羊之皮不如一狐之腋可贵也，众人诺诺顺从不若一士谔谔直言有益也。'昔商纣之臣皆默默而商亡，武王之臣皆谔谔而周昌。今自舍死，未闻以吾过相告者，吾亡无日矣，是以泣也。"

盖古者人君，左史记言，右史记事，又有御史立柱下。君举必书，故其史为当时实录，而为君者亦有所忌惮，而不敢为非也。后世史职虽具，人君言动悉不得闻。至御史专以谏诤为职，然阿谀顺旨者多，正直敢言者少。即敢言矣，而人主有受、有不受，又不得面陈，托之章疏，于是深者不敢尽言，粗者又不足听，甚至犯威触忌，有斥逐贬徙，论为城旦

1 按：此条最早见于《韩诗外传》。

2 赵简子（？～公元前475年）：嬴姓，赵氏，原名赵鞅，又名志父，谥号简。杰出的政治、军事、外交家，战国时代赵国基业的开创者。

3 洪波台：位于邯郸市成安县城西北南横城村东，义井庄村南，是战国时赵国观兵操练演习的场所。

鬼薪[1]者不少矣。如是,人臣谁肯忘身为国者?只有默默避罪而已。主明臣直,若简子之君臣,真可法也。

译文:

谔谔是正直敢言、没有隐瞒的样子。简子有个叫周舍的臣子,说愿意做一个直言争辩的大臣,带着笔墨纸砚时刻跟随在他身边,记录他的过错,每天都记录,一个月就会有成效,一年就会有收益,希望通过这样的方式可以让他有所警觉和醒悟。简子答应了他,早晚和他一起出入。没有多久,周舍死了。有一天,赵简子和众大夫一起在洪波台饮酒,喝得正兴起的时候,忽然想起周舍,竟因此流下泪来。众大夫不知道缘由,以为一定是自己得罪了简子,于是快步上前问原因。简子说:"众大夫没有罪过。以前周舍说过:'一百张羊皮不如一块狐腋之毛,一群唯唯诺诺、惟命是从的人不如一个敢于直言正谏的人有益。'以前商纣王的大臣都缄默不言,不敢进谏,结果商朝灭亡;周武王的大臣都正言敢谏,而周朝昌盛。现在自从周舍死后,我就再也没有听到过别人讲我的过错了,看来我衰亡的日子近了,因此我才落泪的。"

古代的君王,有左史专门记录他的言论,右史记录他做过的事情,还有御史站立在柱下(监督)。君王的言行一定会被记录下来,因此史书就是当时的实录,做君王的人也会有所顾忌而不敢为非乱政。后世虽然一直都设置有史官一职,但是君主的言论、行动却全都不知道。至于御史,本来是专门以讽谏直言为职责,但迎合、顺承君意的多,正直敢言的少。即使有人敢于直言相谏,但是君主却有的接受、有的不接受,又不能当面陈词,只好用章表奏疏的形式来婉曲表达,于是严重的过失不敢完全指出来,粗疏的小过失

---

1 城旦鬼薪:秦汉时期刑罚的名称。城旦,秦朝时是服四年兵役,汉朝时确定其刑期为五年,夜里筑长城,白天防敌寇(站岗)。鬼薪,因最初为宗庙采薪而得名,从事官府杂役、手工业生产劳动以及其他各种重体力劳动等。

又不值得君王一听。更严重的，触犯了君主的权威和忌讳，遭到斥逐、贬谪、流放，成为刑犯人员的也不少。像这样的情况，谁愿意舍身为国呢？只有缄默不谏、避罪远祸罢了。君主贤明、大臣正直，像赵简子和周舍那样的君臣关系，的确值得效法啊。

詢求政術

图注：询求政术[1]

董安于[2]治晋阳，问政于蹇老。蹇老曰："曰忠，曰信，曰敢。"董安于曰："安忠乎？"曰："忠于主。"曰："安信乎？"曰："信于令。"曰："安敢乎？"曰："敢于不善人。"董安于曰："此三者足矣。"

焦竑解：

董安于是赵简子之臣，蹇老是当时贤者。董安于治晋阳，问为政之道于蹇老。蹇老对说："为政之道有三，曰忠，曰信，曰敢而已。"董安于恐于三者用之不当，故问："忠将何所用乎？"则对说："忠以效于主，以事君，不可欺罔也。"问："信当何所用乎？"则对说："信以施于令，以出令，不可更改也。"问："敢当何所用乎？"则对说："敢以施于不善人，以去恶，不可姑息也。"董安于闻之，说："此三者足以为政矣。"

夫事君必定要忠，出令必定要信，人皆知之。至于不善人，有谓当宽假之，使之有所容者；有谓当徐制之，不可激其变者。其言亦似有理，不知小人易进难退。真知其不善必放流之，迸诸四夷[3]，不与同中国，然后可。稍有不果，彼或曲为承顺以固其宠，招来党与以厚其势，廉耻之心尽丧，窥伺之奸百出。一旦得志，其害有不可胜言者矣。后世有用贤如转石[4]，去佞如拔出者，是敢用于善人，不用于不善人也，政岂有不乱者哉？

译文：

董安于是赵简子的大臣，蹇老是当时的一位贤者。董安于治理晋阳，向蹇老请教为政之道。蹇老对他说："为政之道有三点，那就是忠、信、敢。"

---

1 按：此条内容最早见于《韩非子》。

2 董安于（？～公元前 496 年）：又称董阏于，春秋末晋国人，是晋卿赵鞅之心腹家臣，古晋阳城的始创者。

3 四夷：是古代华夏族对四方少数民族的统称，指东夷、西戎、南蛮、北狄。

4 按："转石"一词，反用《诗经·邶风·柏舟》"我心匪石，不可转也"之意。

董安于害怕不能正确运用这三者，因此问道："对谁忠呢？"蹇老就回答说："忠用来对待君主，因为事君不能有欺骗蒙蔽。"董安于又问："信用在什么地方呢？"蹇老回答说："信用于发号施令，因为法令一旦推出，就不可以更改。"董安于又问："敢要用在什么地方呢？"蹇老说："敢用于对待不善之人，因为去除恶人，不能有任何不讲原则的宽容。"董安于听了之后，说："治理国家有这三个方面就已经足够了。"

侍奉君主一定要忠诚，发布政令一定要诚信服人，这是大家都知道的道理。至于对待不善之人，有人认为要宽恕，让他有容身之地；有人认为要慢慢制服，不可以冒进而激使他发生祸乱。这些话好像也很有道理，但他们不明白小人易于亲近却不容易使之退避，如果确定他是不善之人，就一定要将他流放驱逐，让他们逃散到蛮夷之地，不让他们和自己同处中原，这样才行。稍微执行得不彻底，那些不善之人有的就会婉媚顺承以巩固他受宠的地位，招徕同党来扩大其势力，廉耻之心完全丧尽，叵测的意图翻新百出。这些不善之人一旦得势，他们所导致的恶果将难以说尽。后世人们有任用贤人如同滚石，不留情面；铲除奸佞如同拔根，艰难拖沓，这类情形就是把不留情面的原则用来对待善人，而不用来对待不善之人，这样的话，政权哪有不乱的道理呢？

誅絕佞人

图注：诛绝佞人 [1]

赵简子与栾激游，将沈于河，曰："吾尝好声色矣，而栾激致之。吾尝好宫室台榭矣，而栾激为之。吾尝好良马善御矣，而栾激求之。今吾好士六年矣，而栾激未尝进一人，是进吾过而黜吾善也。"

焦竑解：

赵简子，晋卿，尝与栾激游，恶其为人，将沉之于河，说："吾尝好声色矣，栾激即为我致之。吾尝好宫室台榭矣，栾激即与我为之。吾尝好良马善御矣，栾激即为我求之。今我好士六年，不为不久也，栾激未尝进一人。夫三者之好，是吾之过也，彼皆先意承顺，使其过日长，非进吾过乎？贤士之好，是吾之善也，彼则壅闭不通，使吾善日退，非黜吾善乎？所以沉栾激于河者，以此。"

盖小人事君，必先求中君之欲，使其心志蛊惑，怠于政事，威权去已而不自觉，然后徐起而收之，专权擅政，无所不为。君幸而觉悟，则党与 [2] 已成，难于卒去；不幸而不悟，则国家之败亡随之。故君子之进，小人之所甚不乐也。君子见用，则必导君以正，以励精图治为劝，以般乐 [3] 怠傲为戒，彼小人者何以肆其奸哉！简子于栾激，深知其奸，使无所容。其他凡为小人者，自知警惧；凡逢君蔽贤 [4] 以成己私者，皆有所不敢矣。此最为人上者所当法也。

译文：

赵简子，是晋国的上卿，他曾与栾激出游，因为讨厌栾激的为人，要把他沉入黄河，他说："我曾经喜好声色，栾激就马上为我办到；我曾经喜好宫殿、亭台楼榭，栾激就立刻为我营造；我曾经喜欢良马和优秀的骑士，栾激就立

---

1 按：此条内容最早见于《吕氏春秋》卷二〇。

2 与：同党，党与。

3 般乐：念 pán lè，玩乐、游乐。

4 逢君：迎合君王，《孟子·告子》："逢君之恶其罪大。"

即帮我谋求。现在我喜好贤士人才已经六年了，时间不可以说不长了，但是栾激却从未向我举荐过一个人。我之前的三种喜好，都是我的过失，他都抢先奉承顺从我的意愿，让我的过失越来越大，这不是鼓励我犯错吗？喜好贤士，这是我的善行，他却堵塞、闭绝我求贤的道路，让我求善的心思日益减退，这不是压制我的善行吗？这就是我要把栾激沉到黄河里去的原因。”

大抵来说，小人侍奉君主，一定会先追求满足君主的欲望，使他的思想情感受到迷惑，逐渐懈怠于朝廷政务，威势和权力日益削弱而没有意识，然后小人就慢慢收拢权力，独揽大权，把持朝廷政务，无恶不作。君主幸而觉悟过来，可是小人的党羽同盟已经成形，难以在短时间内拔除；君主不幸不能觉悟，那么国家也就随之衰败灭亡。因此，才德兼备的贤士受到举荐和重用，是奸邪小人很不愿意看到的局面。君子被重用，他就一定会用正道来引导君主，规劝君主要励精图治，警戒他沉迷声色、懈怠朝政、骄傲自满，这样的话那些小人又怎么能大肆行奸作恶呢！赵简子对于栾激，非常清楚他的奸恶，因此才令他没有容身之地。其他凡是做小人的，自己也知道警觉、害怕；凡是逢迎君主、打压人才以获取个人私利的，也都因此而不敢肆为了。这最是身处上位的人应该遵守的道理。

咨訪相材

图注：咨访相材[1]

魏文侯弟曰季成，友曰翟黄。文侯欲相之而未能决，以问李克[2]。克对曰："君若置相，则问乐商与王孙苟端孰贤。"文侯曰："善。"以王孙苟端为不肖，翟黄进之，乐商为贤，季成进之，故相季成。季成、翟黄皆近臣亲属也，以所进者贤别之，故李克之言是也。

焦竑解：

魏文侯是战国诸侯，其弟名季成，其友姓翟名黄。文侯欲二人中择一人为相，而未能自决，故问李克。李克说："君若置相，不必问此二人，但问乐商与王孙苟端孰贤，则相可定矣。"此所谓达视其所举[3]也。文侯悟于是，称其言善。以王孙苟端为不肖，翟黄之所进也；以乐商为贤，季成之所进也。所进者不肖，则其人之不肖可知；所进者贤，则其人之贤可知。盖君子、小人各从其类故也。于是文侯以季成为贤而相之。季成是文侯的亲属，翟黄是其近臣，皆可以为相，但以所进的贤否别之，李克之言，诚确论也。

人君惟知人是第一件事，但知人最难。毁誉失实，喜怒任情。或本是贤人错说做不肖；或本是不肖错认做贤人。又有明知其贤，乃恶其持正而疏远之；明知其不肖，却喜其阿顺而亲近之。如此而望得人以图治，不可得已。文侯，小国之君耳，犹知择相不可苟，而以其类求之。由他平日以子夏、田子方为师友，每过段干木[4]之庐必式[5]，贤人讲明已非一日，宜其识见高于寻常万万也。

1　按：此条内容出自《吕氏春秋》。

2　李克：战国初期魏国著名政治家、法学家，是子夏的徒弟，魏文侯的卿相，曾手定魏国的法典。后世所传他的《法经》六篇大约是该法典的底稿。

3　达视其所举：司马光《易说》云："富视其所与，贫视其所取，穷视其所主，达视其所举，足以知其为人"，意思是人富裕时，看他所给予的东西；贫穷时看他所撷取的东西；困顿时看他所效忠的对象；显贵时看他所荐举的对象，由这些方面就足以了解他的为人。

4　段干木：战国初年魏国名士，师子夏，友田子方，为孔子再传弟子。因其三人皆出于儒门，又先后为魏文侯师，故被后人称为"河东三贤"。

5　式：通"轼"，古代车厢前面用做扶手的横木。以手抚轼，为古人表示尊敬的礼节。

译文：

魏文侯是战国时期的诸侯，他的弟弟叫季成，朋友叫翟黄。文侯想要从他们两人中选出一个人来做宰相，但是一直拿不定主意，因此就去询问李克的意见。李克说："您如果要任命宰相，不用去问他们两人，只要看看乐商和王孙苟端两个谁更贤能，宰相的人选就可以决定了。"这就是所谓"达视其所举"的道理。文侯明白了这个道理，称赞他说得对。魏文侯认为王孙苟端品行不端，而他是翟黄举荐的；认为乐商贤良，他是季成举荐的。被举荐的人品行不端，那么就可以知道举荐者也是品行不端的人；被举荐的人贤能，那么就可以看出举荐者也是贤能的人。因为君子和小人各自都与同类相处。于是文侯认为季成贤能，就任命他为宰相了。季成是文侯的亲属，翟黄是文侯的近臣，他们都可以做宰相，通过考察他们举荐的人是否贤良来辨别二人的贤愚，李克的话，确实是正确的论断啊。

作为人君最重要的事情是知人，但知人最难。诋毁与赞誉每每不能以实为据，喜与怒总是依随自己的性情。有的人本来是贤士却被错说成不肖，有的人本来不肖却被错认为是贤士；又有的人明知他贤能，却因为厌恶他行事端正而故意疏远他；明知道他不好，却喜欢他的阿谀顺承而亲近他。这样做却希望能够获得贤才能士、国家大治，是不可能的。文侯，只是一个小国家的君主，尚且知道选择宰相不可以随便，通过考察他们交往的同类人来判断谁适合。据文侯平日就把卜子夏、田子方当做师友，每次经过段干木家一定抚轼表达尊敬的行为，前贤指明魏文侯的贤德由来已久，看来魏文侯的见识的确要比平常人高出许多。

式閭禮士

图注：式闾礼士[1]

魏文侯过段干木之闾而式之，其仆曰："君胡为式？"曰："此非段干木之闾欤？段干木，盖贤者也，吾安敢不式？且吾闻段干木未尝肯以己易寡人也，吾安敢骄之？段干木光乎德，寡人光乎地。段干木富乎义，寡人富乎财。"其仆曰："然则君何不相之？"于是君请相之，段干木不肯受，则君乃致禄百万，而时往馆之，于是国人皆喜，相与诵之，曰："吾君好正，段干木之敬，吾君好忠，段干木之隆。"居无几何，秦兴兵，欲攻魏，司马唐谏秦君曰："段干木，贤者也，而魏礼之，天下莫不闻，无乃不可加兵乎？"秦君以为然，乃按兵，辍不敢攻之。

焦竑解：

魏文侯过段干木之闾，伏轼起敬，其仆问："君何为式？"

文侯说："此非段干木之闾与？段干木，贤者也，吾安敢不式？且吾闻干木未尝肯以己之德易寡人之位也，吾安敢骄之？段干木所光显者在德，寡人所光显者在地。段干木所富厚者在义，寡人所富厚者在财。此正所以不肯易也。"其仆曰："干木既贤，何不以为相？"于是文侯请相之，不受，乃致百万之禄，而时诣其馆致敬焉。国人皆喜，作为歌谣称诵之。未久，秦兴兵攻魏，秦司马唐谏秦君说："段干木，贤者也，而魏礼之，则其君之贤可知。贤君之国，岂可以加兵乎？"秦君然其言，因按兵辍行，不敢攻魏。夫以段干木弹琴乐道，咏先王之风，文侯礼之，遂使虎狼之秦寝其谋而不敢动，贤于十万师远矣。孰谓贤者无益于人国耶？虽然干木隐士，文侯能式其闾而未能得之以为相。若使子思、孟轲之贤，当时诸侯委国而听之，可以辟土地、朝秦楚，岂特使之按兵不动而已哉？惜乎！其不能也。

---

1 按：此条内容最早见于《吕氏春秋·期贤》。

译文：

魏文侯经过段干木居住的里巷时，手扶车轼表示敬意，他的侍从说："国君您为什么要致敬？"文侯说："这里不是段干木居住的里巷吗？段干木，是一个贤人，我怎么敢不致敬呢？而且我听说他并不肯用自己的德行操守来交换我的君主之位，我怎么敢在他面前骄傲呢？段干木所显耀著称的是德行，而我所显耀著称的是国君的地位；段干木富足的东西是道义，而我丰饶的是财物。这正是他不肯和我换位而处的原因。"侍从说："段干木既然贤能，您为什么不让他做您的宰相呢？"于是文侯请求段干木做魏国的宰相，干木不接受，文侯就赏赐他百万俸禄，而且经常到他住的地方拜访致意。魏国的百姓都非常高兴，创作歌谣来称颂这件事。不久，秦国发动战争要攻打魏国，司马唐向秦国君主劝谏道："段干木是位贤人，而魏国对他以礼相待，由此可见魏国君主之贤。有贤能君主的国家，怎么能对它发动战争呢？"秦国君主认为他说得对，于是就按兵不动，不敢攻打魏国。由于段干木弹琴好道，歌咏先王遗风，魏文侯就对他以礼相待，竟然使得如狼似虎的秦国放弃侵略魏国的计划，不敢轻举妄动，这比动用十万之军要有用得多，谁说贤良的人对他人对国家没有用处呢？尽管这样，段干木是位隐士，魏文侯能对他扶轼致敬，却依旧不能让他出来做魏国的宰相。如果是像子思、孟子那样的贤人，当时的诸侯能以国事相托的话，那么开疆辟土，让秦、楚这样的强国前来朝贺也不是不可能，何止是让秦国等强国按兵不动呢？可惜，那些诸侯国做不到啊！

政術諭下

图注：政术谕下 [1]

魏文侯使西门豹[2]往治于邺，告之曰："必全功、成名、布义。"豹曰："敢问'全功、成名、布义'为之奈何？"文侯曰："子往矣。是无邑不有贤豪、辩博者也，无邑不有好扬人之恶、蔽人之善者也。往必问贤豪者，因而亲之；其辩博者，因而师之；问其好扬人之恶、蔽人之善者，因而察之，不可以特闻从事。夫耳闻之不如目见之，目见之不如足践之，足践之不如手辨之。人始入官如入晦室，久而愈明，明乃治，治乃行。"

焦竑解：

西门豹是魏文侯的臣，曾为邺令。文侯告他说："为令要全功、成名、布义。"豹问："如何为此三者？"文侯说："你但去，无有一邑中无贤豪辩博的人，与那好扬人之过、蔽人之善的人。豪贤的人是有德者，可去亲近他；辩博的人是有学者，可以他为师；好扬人之过、蔽人之善的人，虽非君子，可因他言语去察人的贤否，不可以自家独闻的就去行。盖耳听的不如眼见的真，眼见的又不如足下践履的，足践的又不如手里分辨的尤真。人初去做官就似走入暗室的一般，都无所见，久了渐渐的明白。凡事明白，然后不乱，然后可见之行也。"文侯此言最宜详玩。

盖为治之先务，不过用人、行政二者而已，然不可恃一己之闻见。必互相稽察，然后可以得真才；必每事详审，然后可以定国。是故古之明君，日临群臣与讲论治道，则人之短长自见；日理万几，为之综核名实，则事之谙练日精。若日深居高拱，百官不得见其面，肆志偷安，几务不以挂于怀，则股肱堕而庶事隳，何以全功、成名而布大义于天下哉？若文侯者，可谓知为治之要务矣。史称西门豹之治邺，人不敢欺，谓非有得于此哉？

1 按：此条内容最早见于汉代刘向《说苑·政理》。
2 西门豹（生卒年不详）：魏国文侯时期著名的政治家、军事家、水利家，曾立下赫赫战功。

译文：

西门豹是魏文侯的大臣，曾经出任邺城县令。文侯告诉他说：“作县令一定要成就功业、树立名声、施行大义。”西门豹问道：“怎么才能做到这三点呢？”文侯说：“你只管去，每个县里都有一些贤明豪迈、知识广博的人，和一些喜欢宣扬别人缺点、掩盖别人优点的人。豪迈贤明的人是有德之人，你可以去亲近他；知识广博的人是有学问之人，可以把他当做老师；喜欢宣扬别人缺点、掩盖他人优点的人，虽然不是品行纯良之辈，却可以通过他的话去考察其他人是否贤良，不能自己单面听了他的言论就行动做事。耳朵听到的不如亲眼见到的真实，亲眼见到的又不如亲身实践的真实，亲身实践的又不如亲自着手分辨的真实。人刚到地方做官就如同走进了一间黑暗的屋子一样，什么都看不见，在地方时间久了就能慢慢看得明白了。凡事明白了，做的时候就不会慌乱，然后就可以付诸实践了。”文侯的这番话最应该仔细玩味。

治理国家最重要的事情不过是选贤任能、处理政务两方面罢了，但是不可以依恃自己一个人的见闻（行事）。必须要将自己的见闻和别人见闻相互比对考察，然后才可以获得真正有才学的人；每件事情一定都周详、审慎地思考，这样做才可以使国家安定。因此，古代的圣明君主每天都和众臣一起讨论治国的方法，这样每个人的优缺点都会显现出来；每天都处理各种纷繁的政务，全面考核各种事情是否符合实际情况，这样他处理政务就会日益精到。如果君主只是每天深处深宫，高高在上，百官没法见到君主，而君王只是一心放纵性情、贪图安逸，不把军国大事放在心上，那么朝中重臣就会堕落腐败，而日常事务也会被破坏，这样的话凭什么来建立功业、树立名声然后施行大义呢？像魏文侯，可以说是懂得治理国家的要紧之处啊。历史上称赞西门豹把邺城治理得很好，邺人不敢欺骗他，西门豹不正是从魏文侯的那些话里获得了启发吗？

雨不失期

图注：雨不失期[1]

文侯与群臣饮酒乐，而天雨，命驾将适野，左右曰："今日饮酒乐，天又雨，君将安之？"文侯曰："吾与虞人期猎，虽乐，岂可无一会期哉？"乃往身自罢之。

焦竑解：

虞人是掌管田猎之官，猎是围取禽兽，此是史书上言魏文侯不失信于臣下的说话。文侯一日与群臣饮酒，极乐，天又下雨，忽然传命掌驾者要往田野中去。左右止文侯说："今日饮酒欢乐，天又有雨难行，君命驾将何往乎？"文侯说道："我曾与虞人有约，今日会猎，岂可以天雨、饮酒失信于彼而不与一会期哉？"于是竟到田猎所在，亲命虞人以罢猎之。故其不溺于晏安，不忽于微贱如此。

《传》曰："信，国之宝也，民之所庇也。"盖凡人出言且不可苟，况人主之言为一国之命令，系万民之观瞻，岂可忽哉？文侯在春秋能尊礼贤人、崇尚信义，真卓然于世俗之表者，宜其有闻于后世也。

译文：

虞人是掌管君王狩猎事务的官员，猎是指围捕飞禽走兽，这篇讲的是史书上关于魏文侯不失信于微臣的内容。魏文侯有一天和众大臣一起喝酒，非常开心，当时天又下起了雨来，突然文侯命令车夫，说要前往田猎的地方。文侯身边的侍从大臣劝止说："今天酒喝得很开心，天又在下雨，路很难走，您命令车驾到哪里去呢？"文侯说："我之前和掌管狩猎的官员有约定，今天一起打猎，怎么可以因为天下雨、喝酒就不给他一个约会的时间、失信于他呢？"于是文侯最终还是去了打猎的地方，亲自向狩猎官说明罢猎的原因。

1 按：此条内容最早见于《中庸》。

魏文侯竟然如此不沉溺于安乐，不忽视卑微、低贱者。

《左传》中说："诚信，是国家的珍宝，是百姓的保护神。"普通人说话尚且不敢太随便，更何况国君说过的话乃是一个国家的命令，会受到百姓的关注，怎么可以忽视呢？文侯在春秋时期能够做到尊重礼遇贤人，推崇诚信、忠义，的确是超越世俗标准的人，他的确是该闻名后世啊。

旌賢去姦

图注：旌贤去奸[1]

齐威王[2]初委政卿大夫，国人不治。于是召即墨大夫，而语之曰："自子之居即墨也，毁言日至，然吾使人视即墨，田野辟，人民给，官无留事，东方以宁，是子不事吾左右以求誉。"封之万家。召阿大夫，语之曰："自子之守阿，誉言日闻，然使使视阿，田野不辟，人民贫苦。昔日赵攻鄄，子弗救，卫取薛陵，子弗知，是子以币厚吾左右以求誉也。"是日，烹阿大夫，及左右尝誉者，皆烹之，于是齐国震惧，人人不敢饰非，务尽其情，齐国大治。

焦竑解：

即墨，阿，鄄，俱邑名。薛陵，地名。威王初年，不理政务，付之卿大夫，凡事废弛，国事不振。一日，忽奋然图治，召即墨大夫来，与他说："自汝到即墨，我左右的人都说你做官不好，毁言日至吾耳中。及我使人到即墨查看，却田野开辟无荒芜的，人民富足没贫苦的，官事修举，东方宁静，全与那毁汝之言不同。是汝以正自守，不交结吾左右以求扶持也。"乃加封万户以旌奖之。又召阿大夫，面责他说："自汝治阿以来，我左右的都说汝是好官，称誉之言日闻于耳。及我使人到阿查看，却见田地荒芜，人民穷苦；前时赵攻鄄，在汝近地，汝不去救接，卫取了薛陵，汝尚不知，全与那誉汝之言相反。是汝不干实事，专务交结吾左右以求名誉也。"当日就烹了阿大夫并左右之尝称誉其贤者，从此以后齐之群臣人人震恐。凡在外做官的，与左右进言的，不敢怀诈饰非，务尽其真情，齐国于是大治，比前时不同矣。可见为治不在多术，赏一人当功则千万人劝，刑一人当罪则千万人惧，觉察一无实之言而无实之言皆不敢复进，在人主一奋发间耳。

1 按：此条内容最早见于《大学》。

2 齐威王（公元前378～公元前320年）：妫姓，田氏，名因齐，战国时期齐国国君，齐桓公田午之子。公元前356年继位，在位36年。以善于纳谏用能，励志图强而名著史册。

译文：

即墨，阿，鄄，都是县的名称。薛陵，是地名。齐威王执政初期，不料理朝廷政事，把它全交给了卿大夫处理，结果政务荒废，朝纲松弛，国家不兴旺。一天，他突然奋发起来想治理好国家。于是召见即墨的大夫，对他说："自从你到即墨任职，我身边的近臣都说你官做得不好，毁谤你的话每天都传到我耳朵里来。等我派人到即墨调查了之后，发现那里田地都已被开垦，没有荒芜的，百姓生活富裕丰足，没有贫苦受穷的，官府里的事情也都及时办理了，东方安静无事，与那些毁谤你的话完全不同。这是因为你为人正直、坚守节操，不会特意结交我身边的近臣来得到他们的帮助。"于是以万户加封即墨大夫表示嘉奖。又召见了阿地的大夫，当面斥责他说："自从你治理阿地以来，我身边的人都说你是个好官，我每天都能听到称赞你的话。等我派人到阿地考察了之后，却发现那里田地杂草丛生，一片荒芜，百姓生活贫穷困苦；之前赵国攻打鄄，阿地在鄄的附近，你却不去救助，而卫国已经攻取了薛陵，你竟然还不知道，这和那些称赞你的话完全相反。这是因为你不做实事，专门结交我的近臣来获得名誉。"当天齐威王就烹杀了阿大夫和那些曾经称誉他的左右大臣，从此之后，齐国的大臣人人震惊惶恐。凡是在外地做官和在威王身边进言的官吏，都不敢心怀狡诈、文过饰非，凡事都一定按照真实情况做，于是齐国政治修明、政局稳定，和以前完全不同了。由此可见，治理国家不在于使用多种方法，奖赏一个有功劳的人就会有千万人得到勉励，惩罚一个有罪的人就会令千万人感到恐惧，察觉出来一句不合实情的话，就让这类话再也不敢呈报，这些做法只在君主发愤图强的一念之间。

敝袴待功

图注：敝袴待功[1]

韩昭侯[2]有敝袴，命藏之。侍者曰："君亦不仁者矣，不赐左右而藏之。"昭侯曰："吾闻明主爱一颦一笑，今袴岂特颦笑哉？吾必待有功者。"

焦竑解：

敝是坏，袴是下体之衣，颦是微笑[3]。韩昭侯有一件穿过的旧袴，分付左右之人收藏之。左右说："仁德之君必乐予好施，今吾君一敝袴不肯赐左右之人，还要收藏，似非仁德之君也。"昭侯说："我闻明主行赏必加有功，不但赐人衣物，就是一颦一笑也不肯轻易，其颦也必有所为而颦，其笑也必有所为而笑。今袴虽敝，是我服御之物，岂特一颦一笑而已哉？我所以藏之者，将待有功之人，然后以赐之耳。"

夫人主一人之有岂足以厌众人之求？只是自为爱惜，不易施予，则偶有所及，人自知恩。不然，赏轻则众心不重，众玩则激劝何施，国家操柄由此而失，其害非小小也。申子言于昭侯曰："法者见功而予赏，因能而授官。君设法度而听左右之请，法所以难行也。"他日，申子请仕其从兄，昭侯曰："非所学于子也。吾听子之谒，败子之道乎？其用子之谒？"于是申子辟舍请罪[4]。昭侯学申子之学，深信而力行之，亦能以一国治，况其大于此者？而无所从学，是欲以手援[5]天下也，而可乎？

译文：

敝是破旧的意思，袴是下身穿的衣服，颦是皱眉的意思。韩昭侯有一件

---

1 按：此条内容最早见于《大学》。

2 韩昭侯（? ~ 公元前 333 年）：名武，战国时代韩国的第六任君主，公元前 362 年至公元前 333 年在位。又称为韩昭侯或者韩厘侯，战国七雄之一。

3 按："颦"当解作"皱眉"，焦竑这里解释成"微笑"，疑为误。

4 辟舍：避开正房，寝于他处，以示不敢宁居。辟舍请罪，意思是非常不安地请罪。

5 手援：此处的意思从《孟子·离娄》："天下搠，援之以道"，《周易系辞》"天下溺，援之以道，子欲手援天下乎"等典而来，拯救天下要用道来拯救，而不是靠一人之智力来改变。

穿过的旧裤子，他命令侍从把它好好收起来。侍从说："仁义厚德的君王一定是乐意施与的人，现在您连一条旧裤子都不肯赐给身边的人，还要仔细收藏起来，这好像不是仁义厚德的君王应该做的吧。"昭侯说："我听说圣明的君王要赏赐一定会赏赐给那些有功劳的人。不只是赏赐人衣服物品，就是一颦一笑，也不轻易付与。他皱眉一定是有让他忧愁的事情，他展颜而笑一定是有让他开心的事情。现在这条裤子虽旧了，但它是我穿过的东西，岂止是一颦一笑所能比得上的？我之所以把它收藏起来，就是想要等待有功劳的人出现，然后把裤子赐给他。"

君王一个人所拥有的东西怎么能满足众人的需求呢？只是君主对自己的东西非常爱惜不轻易赏赐给别人，如果偶尔赏赐给一个人，那个人一定会知道感恩。不然的话，赏赐得轻了，众人在心里看不上它，当众人不在乎那个赏赐，那么赏赐所具有的刺激、鼓励作用又怎样发挥出来呢？而国家的权掌也由此而失去，这样的话，赏轻的害处很不小啊！申不害曾对昭侯说："治国的原则就是根据功绩进行赏赐，根据才能授予官职。您确定了原则却又听任左右的请求，这就是原则难于施行的原因。"后来的一天，申不害向昭侯请求让他的堂兄做官，昭侯说："这不是我从你那里学到的道理呀。我是接受你的请求而破坏你教给我的道理呢，还是运用你教我的道理来拒绝你的请求呢？"于是申不害非常不安地向昭侯请罪。昭侯学习申不害的学说，深信不疑而且身体力行，尚且能让一个国家大治，更何况比申子学说更伟大的道理？但如果不向谁学习，就想要凭借一个人的力量援济天下，这行得通吗？

井窺示警

图注：井窥示警[1]

列精子高听行[2]乎齐湣王[3]，善衣东布衣[4]，白缟冠，颡推之履[5]。特会朝雨，袪步堂下，谓其侍者曰："我何若？"侍者曰："公姣且丽。"列精子高因步而窥于井，粲然恶丈夫之状也，喟然叹曰："侍者为吾听行于齐王也，夫何阿哉！况于所听行乎？万乘之主，人之阿之亦甚矣，而无所镜，其残亡无日矣。孰当可见镜？其惟士乎！人皆知说镜之明己也，而恶士之明己也。镜之明己也，功细；士之明己也，功大。得其细，失其大，不知类耳。"

焦竑解：

列精子高是六国时贤人，听行是听其言而行之，袪步是举衣而步也，粲然是明白的意思。列精子高听行乎齐湣王。他衣布衣、白冠、善履去会朝，因雨，袪衣下堂，问从者说："我之容貌何如？"从者说："公姣且丽。"言其美也。子高因步而窥于井，则其貌甚丑，粲然恶丈夫之状也，因喟然而叹说："吾貌本丑，而侍者以为美，因吾听行乎齐王，故阿谀之也。况齐王是我所听行者，彼乃万乘之主，则人之阿之又甚矣。我以井为镜，故知貌之丑，彼无所镜，其残亡宁有日乎？谁能为王镜？惟士而已然。镜能照己之衣冠，人皆悦之；士能明己之得失，人则恶之。正衣冠之功小，明得失之功大，人不免得彼失此者，以不知小大之类耳。"

古人有言："以铜为镜，见面之容。以人为镜，知吉与凶。"正是此意。彼道德法度之臣，正言敢谏之士，皆人主之镜也。孔子曰："择其善者而从之，

1　按：这条内容最早见于《吕氏春秋·达郁》。

2　听行：德行受人尊敬。《吕氏春秋·达郁》："列精子高听行乎齐湣王。"高诱注曰："听行，其德行见敬于齐王也。"

3　齐湣王（公元前 323 ~ 公元前 284 年）：本名田地，一名遂。齐宣王之子，田齐政权第六任国君。公元前 301 年即位，在位 17 年，他在位期间正是秦、齐争霸的时代。

4　东布衣：练帛制成的衣服。

5　颡推之履：古代一种鞋头高出的履。

其不善者而改之。”苟能取人自镜，即不善者且有益，况其善者乎？不特此也。诗书载籍，皆圣贤格言、正论所在，古今得失、兴衰之迹，昭然可见，一开卷便自有益。人能取其善者以为法，恶者以为戒，是亦己之镜也。人主既能以人为镜，又能以古为镜，则庶几矣。

译文：

列精子高是六国时期的一位贤人，听行是听从他的话并且实行的意思，袪步是指拎起衣服走路，粲然是明白的意思。列精子高是齐湣王尊崇的人。列精子高穿白色丝绸衣服，戴素色绢帽，穿高头鞋去朝会，因为下雨，列精子高就拎着衣服下摆从朝堂里出来，问他的侍从说：“我的相貌怎么样？”侍从说：“您的容貌美好艳丽。”称赞他长得英俊。于是子高走到井边从井水里看自己，发现自己容貌丑陋，分明是个丑男人的样子。于是他感叹道：“我的容貌本来就是丑的，但是侍从却说是美的，他们是因为我受齐王尊崇才阿谀奉承我。更何况齐王是我所崇敬的人，他是一国之主，那么众人对他的阿谀奉承就更严重了。我用井水当镜子，因此知道自己容貌丑陋，他没有什么镜子来鉴别自己的言行，那国家离危亡的日子还有几天呢？谁可以做君王的镜子？只有士人才行。镜子能够照出人的衣着穿戴，所以大家都很喜欢它；士人能够使人明白自己的得失，但人们却厌恶他。端正衣冠的功劳小，使人明白自己得失的功劳大，但人们却都不免得正衣冠之镜而失正得失之镜，其原因正是在于分不清小与大的区别啊”。

古人曾说：“用铜当做镜子，可以见到自己的面容。把人当做镜子，可以知道吉凶。”说的就是这个意思。孔子说：“选择他的优点并且向他学习，对于他的缺点则注意改正以免自己犯同样的错误。”如果能够以他人作为自己的镜子，那么即使是孔子所谓的“不善者”也会有他有意义的地方，更何况是那些“善者”呢？不只是这些。诗书典籍记录的全都是圣人先贤的格言、真理，古往今来的得失兴衰也都明白清楚地记录在册，只要打开书卷就一定会获得启益。人们如果能从其中的善者那里汲取好的方面进行效法，将其中的恶者作为警戒，那么书籍也是自己的一面镜子。君主既能够把人当做自己的镜子，又能以古人、历史作为镜子，那就差不多了。

教子務學

图注：教子务学[1]

汉高帝敕太子云："吾遭乱世，当秦禁学，自喜谓读书无益。洎践阼以来，时方省，书乃使人知作者之意。追思昔所行，多不是。"又曰："汝见萧、曹、张、陈诸公侯，吾同时人，倍年于汝者，皆拜，并语于汝诸弟。"

焦竑解：

汉高帝训敕太子，说道："吾之生遭遇乱世，当秦禁学之时，故自喜己之所为，谓读书为无益。及践阼以来，方去看，书乃使人知作者的意思。追思我昔日所行，多有不是处。"又说："萧何、曹参、张良、陈平诸公侯，吾同时人，年纪加一倍者，汝见之皆拜，并语于汝诸弟。"亦欲其知此意也。

史称汉高不事诗书，不喜儒生，因其初未见书册与真儒故耳。及稍稍读书，即能知作者之意，又能因书之言省己之失，是古今善读书者，莫如高帝也。后来如光武[2]，当兵马倥偬之际，投戈讲艺[3]，息马论道；而孝明[4]尤垂情古典，游意经学，廊庙多皤皤之良，华首之老。朝者进而思政，罢者退而备问，小大随化，诋欺不行，可谓盛矣。

盖闻古今之治乱，则警惧易动；闻闾阎之艰难，则忧念易生。退即晏间，必无过当；前代之效，厉厉可考也。谓当延登耆艾，博访古今，庶知六经决非虚器，真儒决非多拘，广问决非空文，好学决非小用，使天下实见学之能安国保民也，岂不快哉？

译文：

汉高帝刘邦训诫太子刘盈说："我生逢乱世，正赶上秦朝禁止读书的时候，

1　按：此条内容是汉高祖刘邦手敕太子刘盈之书，见于《汉书·艺文志·高祖传十三篇》。

2　光武：汉光武帝刘秀（公元前5年～公元57年），字文叔，南阳郡人，为汉高祖九世孙，东汉开国皇帝。

3　投戈讲艺：指在军中仍不废学。后亦泛谓偃武修文。

4　孝明（28～75年）：指汉明帝刘庄，字子丽，庙号汉显宗，谥号孝明皇帝，东汉第二任皇帝。

因此我也很喜欢自己的行为，认为读书没有什么用处。等到我登基之后，才开始看书，知道书让人了解著作者的思想。回想我以前的行为，有很多不对的地方。”又说：“萧何、曹参、张良、陈平等公侯大臣，都是和我同时代的人，年纪又比你大几辈，你见到他们都要行礼，而且要把我的话转告给你的弟弟们。”也是期望其他孩子知道自己的这层意思。

史书上说汉高祖不学习诗书典籍，不喜欢儒生，这是因为他刚开始的时候没有见到儒家著作和真正的学者。等到他稍微开始读书，就能够读懂著书者的意思，又能够根据书中的道理来反省自身的过失，这就是古往今来善于读书者，没有谁能超过汉高祖的道理。后来的光武帝，在战事繁忙的时候，仍然抽空学习；而汉明帝更是钟情于古典文化，注重儒家经典的学习，朝廷中任用的都是些饱读诗书的老学者。在朝的人想着进用以有益于政务，去官的人想着退休而备国家顾问垂询。大小事务都能顺应形势解决好，没有诋毁欺诈的行为，真可以说是盛时啊。

大凡听到古往今来的治乱情形，就易于生出警戒惊惧之念；听到民间百姓的疾苦情形，就易于生出忧愁记挂之心。退朝宴飨不至于有过分之举，因为前代经验教训，件件皆可考证。所谓要广泛招揽有经验的老者，寻访博通古今的学士，明白六经的存在绝非无意义的摆设，真正的儒士绝不是大多拘泥之人，广泛请教绝不是没有意义的举动，勤奋好学绝不会只有小用处。让天下之人确确实实地看到读书有安邦定国、保民富家的意义，这难道不是很让人快慰吗？

條陳故事

图注：条陈故事[1]

魏相[2]好观汉故事及便宜章奏，以为古今异制，方今务在奉行故事而已。数条汉兴以来国家便宜行事，及贤臣贾谊、晁错、董仲舒所言，奏请施行之。奏故事、诏书凡二十三事。

焦竑解：

魏相是汉宣帝时贤相，平时好观本朝旧事及章奏言一切便宜者，其意以为古事虽善，行之今时多不相宜。“我领众职，惟务奉行当今旧事而已。”故于汉兴以来行事有便于国家，利于百姓者常常条奏以俟举行，如贾谊、晁错、董仲舒此三人，皆近世贤臣，言有可采，务请于上，施行之。史言所奏有故事、诏书凡二十三事是也。

大抵俗儒不通世务，往往是古非今，不知开创之主备历艰难，洞晓情伪，其所建置至精至当，故其时官清而事简，法严而令行，为子孙者，但修明振举，无使废坠，足矣。后世因天下太平，无所事事，寡识之士今日献一策，明日进一言，议论日烦，政事日替，听之甚美，核之无实，致使祖宗之法阴坏而不觉，非细故也。商周令主，如高宗[3]、成王，曰监于成宪，曰率由旧章，未尝舍近求远，空事纷更。况国朝以百代为元龟[4]，以烈祖为宝鉴，前世之美无不备具，谓宜法祖宗，咨故事，略虚文，稽实效，庶几法严事简，赏信罚必，使操纵常出于一人，废置不牵于众论，国初盛治长保于无穷，岂不美哉？如魏相所为深达治体，最宜留意。

1　按：此条内容出自汉代班固《汉书·魏相传》。

2　魏相（？～公元前59年）：字弱翁，济阴定陶（今定陶县东王店）人，西汉著名大臣，官至丞相，封高平侯。

3　高宗（？～公元前1192年）：指商高宗武丁，姓子，名昭，是商朝第23位国王，庙号为高宗。武丁在位时期，商朝再度强盛，史称“武丁中兴”。

4　元龟：大龟。古代用于占卜。比喻可资借鉴的往事。

译文：

魏相是汉宣帝时期的贤相，平时喜欢看本朝的旧事和章表奏疏等一切于国家有益的内容。他认为旧朝的典章制度虽然很好，但是在当下施行的话会有很多地方不相适宜。他认为自己统领各项事务，只是把奉行本朝旧例当做要务而已。因此，他把汉代建朝以来，凡有利于国家、百姓的制度一条条写成奏折上奏，以方便君王采纳施行。像贾谊、晁错、董仲舒这三个人，都是近代以来的贤臣，他们言论中有值得被采纳的也请奏皇上，予以施行。据史书记载，他上奏的史事、诏书共有 23 件。

一般，见识浅陋的儒士多不通晓社会事务，他们往往盲目地肯定古代、否定当代，却不知建国的君主历经艰难，深刻地了解世情的真伪，他所建立起的制度是最精确恰当的，因此，建国时候官吏清廉，政务简单，法律严明，令行禁止，作为子孙后代，只要能够将先祖的基业发扬光大，不让先祖所设置的制度章程废弃松弛就足够了。后世因为天下太平没有什么事情，一些见识浅陋的人，今天向皇帝献条计策，明天提个建议，议论越来越烦琐，朝廷政事也每天都有变化。听起来似乎是挺好的,认真核查起来,却没有实际效果，先祖的法度政令由此慢慢遭到损坏却没人觉察，这可不是小事啊。商、周时期的圣明君主，比如商高宗武丁、周成王姬诵，他们就是用旧有的法令来监督朝政，国政全都遵循旧的典章制度，他们从不舍近求远，白费力气地改弦更张。何况我大明朝以前代百朝历史作为借鉴对象，向先祖学习，先前历朝历代的优点，无不具备，所谓效法祖宗制度，咨询历史典故，减省虚文形式，查核实际效果，基本做到法律严明，政事简易，赏罚分明，政令出于一人之手，颁行与废除不为众论所左右，那么，建国之初的繁盛、太平景象就可以永远保持下去，这不是很好吗？像魏相的做法，就是非常通晓治国之道的做法，最应该留心注意。

嘉奖勤學

图注：嘉奖勤学[1]

孝哀皇帝[2]初为定陶王，好文辞、法律。元延四年，入朝，尽从傅、相、中尉[3]。时成帝[4]少弟中山孝王[5]亦来朝，独从傅。上以问定陶王，对曰："令诸侯王朝，得从其国二千石，傅、相、中尉皆国二千石，故尽从之。"上令诵《诗》，通习能说。他日，问中山王独从傅在何法令，不能对。帝由此贤定陶王，数称其才，为加元服[6]而遣之。

焦竑解：

文辞是古今相传的典籍，法律是朝廷见行的律令。汉孝哀帝初为定陶王时，为人好文辞与法律。元延四年，入朝，使他王国的傅、相、中尉三样官俱相从以来。此时成帝少弟中山孝王也来朝，所从者傅而已，相与中尉皆不从。二王所从官属不同，故上问定陶王尽从官属的意思，他对说汉家法令上道，诸侯王朝，得从其国二千石。二千石是食禄，二千石的如傅、相、中尉皆是。此于法皆当从王，故尽令之来。上又令他诵《诗》，亦能通习其义而善说之因。他平昔好文辞、法律，故能晓畅应对如此。及他日，问中山王独从傅在何法令，王不能对，其不及定陶明矣。故帝以定陶为贤，数称其才，为之加冠而遣还其国，所以宠异之也。

夫帝王之学虽与韦布[7]不同，然不知《诗》、《书》则见理不分明，不知

1 按：此条内容最早见于汉代班固《汉书·哀帝纪》。

2 孝哀皇帝（公元前27～公元前1年）：指汉哀帝刘欣，字和，汉朝的第十三位皇帝，在位7年。他是汉元帝的庶孙，汉成帝的弟弟定陶恭王刘康之子。

3 中尉：战国时赵国初置，掌荐举人才等事。秦汉时为武职，指挥禁卫军部队，为负责京师安全的高级军官。

4 成帝（公元前51年～公元前7年）：指汉成帝刘骜，西汉第十二位皇帝，公元前33年至公元前7年在位，死后谥号"孝成皇帝"，葬于延陵，庙号统宗。

5 中山孝王（？～公元前8年）：刘兴，汉元帝第三子。建昭二年（公元前37年）六月，被立为信都王，阳朔二年（公元前23年），改封为中山王。

6 元服：古代男子成年开始戴冠的仪式。

7 韦布：韦带布衣，古指未仕者或平民的寒素服装。借指寒素之士，平民。

法律则处事无案据，此古帝王与祖宗治天下之大经大法，何可忽也？况人之心必有所用，不用之于正必用之于邪，故诗书、法律之学不好，则声色货利、田猎玩好之类将有乘隙而入者，佚欲之念兴，忧勤之志辍，天下何从而得其理哉？我宣宗章皇帝[1]宫中日置《孝经》、《尚书》、《大明律》三书于案，朝夕讲解，间有不明，逢人辄问，后透晓事理，为一代明王，此三书力也。此则能知读书之要，又非孝哀之所能及也已。

译文：

文辞是古往今来一直传诵的经典要籍，法律是指朝廷当下正推行的法规律令。汉孝哀皇帝刚做定陶王的时候，喜欢研习文辞和法律。汉元延四年（公元前 9 年），他入朝觐见汉成帝，让国中的太傅、宰相、中尉三个职位的官员都跟随他一同入朝。这时候汉成帝最小的弟弟中山孝王刘兴也入朝觐见，跟随的只有太傅，宰相和中尉都没有来。两位诸侯王入朝带来的下属官员不相同，因此成王问定陶王为什么让傅、相、中尉三个职位的官员都跟来了，定陶王回答说我们汉家法令规定，诸侯王来朝见皇上，要让国中俸禄在二千石以上的官员都跟随同来。二千石是指俸禄，傅、相、中尉都是俸禄在二千石的官员。按照法律规定他们应该随诸侯王一道入朝，因此就让他们全都来了。汉成帝又让他诵读《诗经》，发现他也能够通晓其中的道理并且善于解说。定陶王平日里就喜欢阅读经书典籍和法律，因而能够这样明白顺畅地应对。后来又有一天，汉成帝问中山王他只让太傅跟来觐见是依据哪条法令时，中山王回答不出来。这样看来中山王明显不如定陶王。因此汉成帝认为定陶

1 宣宗章皇帝（1398 ~ 1435 年）：指明宣宗朱瞻基，明朝第五位皇帝，明仁宗朱高炽长子。永乐九年（1411 年）立为皇太孙，数度随成祖征讨蒙古。洪熙元年（1425 年）即位，年号宣德。宣宗时君臣关系融洽，经济也稳步发展，与明仁宗时期并称“仁宣之治”。庙号宣宗，谥号“宪天崇道英明神圣钦文昭武宽仁纯孝章皇帝”，葬于明十三陵之景陵。

王贤能，多次称赞他的才华，为他举行成人加冠礼之后才让他回属国，从此也异常宠爱他。

帝王学习的东西虽然和平民布衣不同，但是如果不懂得《诗经》、《尚书》等经典，就会对事物的道理理解不透彻，不懂得法律政令，做事情就没有依据。学习文辞、法律是古代帝王和先祖治理天下必须依据的根本原则，怎么可以忽视呢？更何况人的心思一定会放在一些事情上，不是用在正当的地方就一定会用在奸邪的地方，因此，如果不喜欢研习经书典籍和法律政令，那么声色、财货、畋猎、玩好之类的东西就会乘虚而入，贪图享乐的念想就会生起，忧国忧民、励精图治的志向就会放下，这样还怎么能获得天下治理之道呢？我大明宣宗章皇帝宫中的书案上，每天都放着《孝经》、《尚书》、《大明律》三本书，早晚讲读解析，遇到有不明白的地方，逢人就问，后来他能够通晓事物道理，成为一代贤明君主，就是这三本书的功劳。章皇帝这种能够明白读书关键意义的做法，又是汉孝哀帝所比不上的。

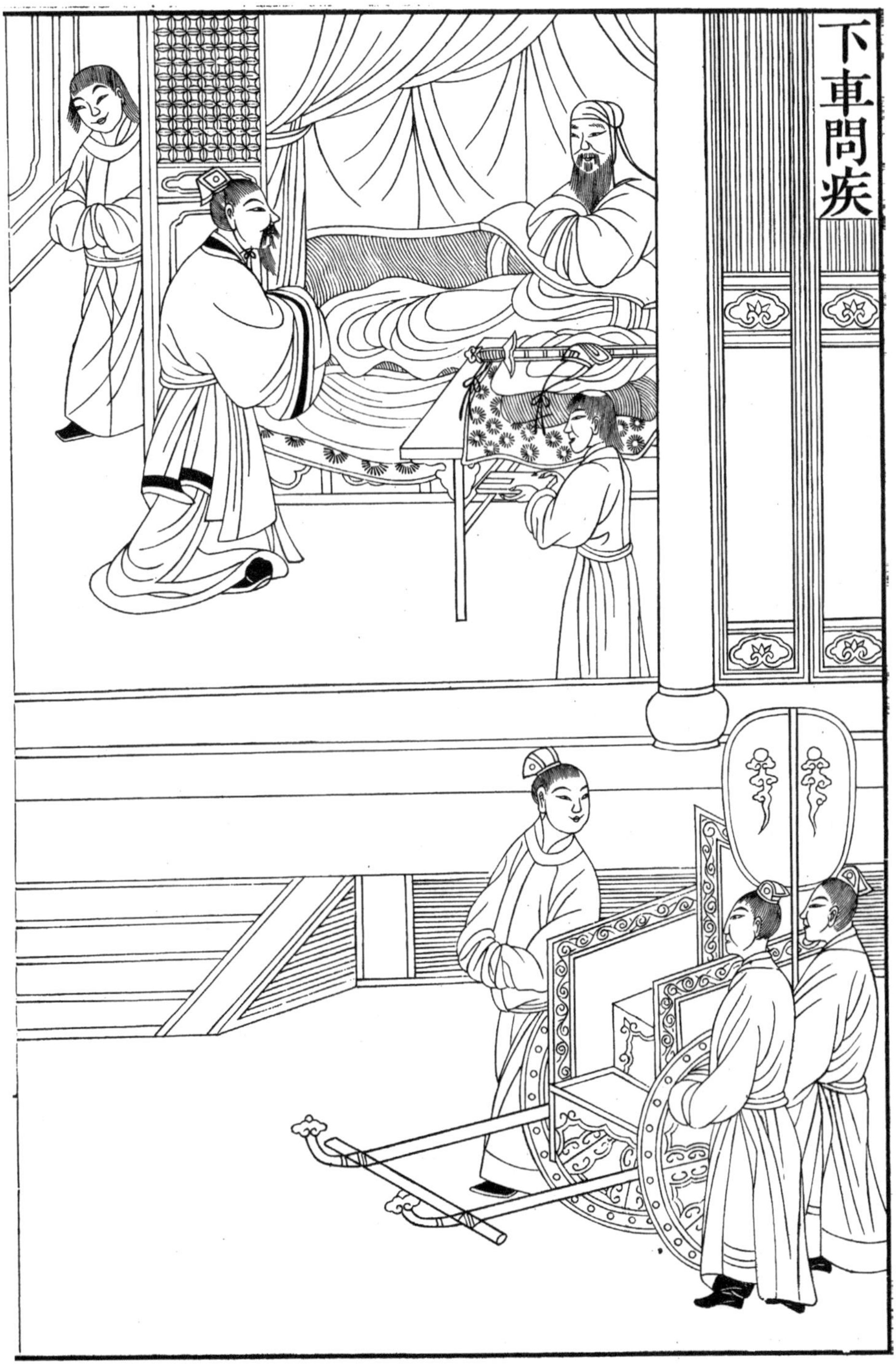
下車問疾

图注：下车问疾[1]

桓荣[2]敷奏经书，帝称善，使之授太子，常令止宿太子宫。积五年，荣荐门下生胡宪侍讲，乃听，得出，且一入而已。后封荣关内侯，甚见亲重。荣疾，幸其家，问起居，下车拥经而前，赐以床茵、帷帐、刀剑、衣被，良久乃去。自是诸侯、将军、大夫问疾者，不敢复乘车到门，皆拜床下。

焦竑解：

《汉书》上说，桓荣讲说经书，光武称道他善讲，就著他把经学传授太子，又恐功夫间断，著他住在太子宫中朝夕讲论。到五年之久，因荣荐弟子胡宪代他，才许出宫，然每早还要他一入，上下之间相处亲密如此。史上说太子经学通明，博览今古，由此得之也。后日封荣关内侯，有疾亲往问安，入街便下车徒行，赐以诸物，徘徊良久然后去。此时诸大臣问疾者，也都不敢乘车到门，拜于床下。天子所尊敬，谁敢不敬他？显宗自十岁时已通《春秋》，又讲学如此之专，尊贤如此之笃，所以永平之政无愧建武，史称其官、民安其业，虽荣辈连年劝讲之效，孰非帝折节亲师之所致哉？

译文：

据《汉书》记载，桓荣讲解儒家经典，光武皇帝称赞他讲得好，就令他教授太子，又担心讲授内容会有所间断，就让他住在太子的宫中，早晚为太子讲解论说。桓荣就这样在太子宫中讲授了五年的时间，后来他举荐弟子胡宪代替自己，皇帝才允许他出太子宫，但是仍然让他每天早晨到太子宫中讲学，他们君臣之间的关系是如此的亲密无间。史书上说太子通晓儒家经典，纵览古今典籍，就是由于桓荣的教育才这样的。后来桓荣被封为关内侯，他生病的时候，汉显宗亲自去问候。车马一进入桓荣居住的街道，显宗就从车

---

1 按：此条内容最早见于范晔《后汉书》卷三七《桓荣传》。

2 桓荣：字春卿，东汉沛郡龙亢（今安徽怀远县龙亢镇）人，东汉时期大臣、名儒。著名经学大师。

上下来，并且赏赐给他各种物品，逗留很长的时间才离开。于是当时前来探病的朝廷大臣，都不敢乘车到桓荣家去，进门后都跪拜在他的床前。天子所尊敬的人，谁敢不尊敬呢？显宗从十岁的时候就已经通习了《春秋》，又讲学如此专注，尊重人才如此诚恳，因此显宗在位期间的政绩毫不逊色于汉光武帝建武年时候。史书上称当时官员、百姓都安于自己的职业，虽然这里有桓荣等人连年劝勉、讲学的功效，难道不也是因为皇帝能够纡尊降贵、亲近老师所造成的吗？

遣使質疑

图注：遣使质疑[1]

包咸，永平中迁大鸿胪[2]，每进见，赐以几杖。经传有疑，辄遣小黄门[3]就舍质问，显宗以咸有师傅恩而素清苦，常特赐珍玩、束帛，奉禄增于诸卿。

焦竑解：

包咸，汉会稽人。显宗在储位时，咸入授《论语》。永平五年，显宗以咸旧为师傅，自郎中[4]迁大鸿胪，每进见赐以几杖，入屏[5]不趋，赞拜不名[6]，不敢以臣礼待之也。此时帝学已成，然遇经传中有疑惑处，即遣小黄门就咸家问之，其面相质证，不待言矣。他日，帝幸辟雍[7]，正坐自讲，诸儒执经问难于前，期门[8]、羽林之士悉令通《孝经章句》，匈奴亦遣子入学，风化之美，冠于一时，孰非帝勤学好问之所致哉？

窃谓臣主接见有时，而手敕下询最为便事。唐王起以博雅闻，德宗往往手书咨访疑事，起辑为帙，名曰口宣，一时词林传为嘉话。如我宣庙问龙有翼者，而检讨陈继据《尔雅》以对；孝庙问龙生九子，而编修罗玘举其名以对；武庙问《文献通考》有张星者，司天不知也，而修撰杨慎据《周礼》、《史记》以柳星对；世庙问“矞宇嵬琐”四字而慎据《荀子·非十二子》篇对，书札往还，未易悉数。如稍仿此意，披览之余，时勤清问，内可以疏瀹心源、斟酌理味，外可以激扬儒雅、鼓吹休明，其视无所用心者，何啻千里而已？

1　按：此条内容最早见于范晔《后汉书》卷七九《儒林列传》。

2　大鸿胪：大鸿胪是古代官职位。

3　小黄门：汉代低于黄门侍郎一级的宦官。后泛指宦官。

4　郎中：官名。始于战国，秦汉沿置，掌管门户、车骑等事；内充侍卫，外从作战。

5　屏：宫殿当门的小墙，又称“照壁”。

6　赞拜不名：臣子朝拜帝王时，赞礼官不直呼其姓名，只称官职。这是皇帝给予大臣的一种特殊礼遇。

7　辟雍：亦作“璧雍”，本为西周天子为教育贵族子弟设立的大学。取四周有水，形如璧环为名。其学有五，南为成均、北为上庠，东为东序，西为瞽宗，中为辟雍。其中以辟雍为最尊，故统称之。

8　期门：官名。

译文：

包咸，是汉代时会稽人。显宗做太子的时候，包咸进宫教授他《论语》。永平五年（62 年），显宗因为包咸曾是自己的师傅，就把他从郎中升迁为大鸿胪，他每次进宫朝见，显宗都特赐他座几和手杖，准许他走进皇宫当门的小墙后不用快步走，朝拜时赞礼官不用直呼他的名字，不敢用君臣的礼节来对待他。这个时候显宗的学问已经学成了，然而一旦遇到经传中有疑惑之处，他就派宦官到包咸家去请教，（这样看来）显宗当面提出质疑以获得证实的求学态度已不用说了。有一天，显宗亲自到国子学正襟危坐地给国子生们讲学，儒生们都拿着经书来请教疑难问题，宫中的侍从护卫、禁卫军都学习《孝经章句》，匈奴也派人来前来学习，读经重学的好风气，盛行一时，这难道不是显宗勤奋好学所促成的局面吗？

我想君王接见大臣有时间限制，但是用手写问题去询问大臣的做法最为方便。唐代王起以学识广博而非常闻名，唐德宗常常手书问题向他请教咨询疑惑之事，编辑成册，称作“口宣”，一时学界传为嘉话。像本朝宣宗曾问有翅膀的龙是什么龙，检讨官陈继根据《尔雅》回答说是应龙；孝宗询问龙所生的九个儿子是什么，编修官罗玘就列出九子的名称；武宗问《文献通考》里所记载的关于张星的情况，掌管天文的官员尚且不知道，而修撰官杨慎根据《周礼》、《史记》记载，答为“柳星”；世宗问“毊宇嵬琐”四个字是什么意思，杨慎就根据《荀子·非十二子篇》的记载来回答。诸如此类书信往来，不能一一列举。如果稍微能仿效他们的做法，在读书之余时时向人清审详问，在内，可以让内心的理念得到疏导清荡，斟酌把玩哲理的意味；在外，可以激励发扬儒雅的习气、倡导美好清明的风气，这与那些无所用心的人，相差何止千里呀？

愛惜郎官

图注：爱惜郎官[1]

馆陶公主为其子求郎，上不许，而赐钱千万，曰："郎官，上应列宿，出宰[2]百里，苟非其人，则民受其殃，是以难之。"

焦竑解：

馆陶公主是明帝之妹，一日为其子求做郎官。明帝不许，但以钱一千万赐之，因对群臣说："天上太微垣中有二十五星，名为郎位星，可见郎官职位虽卑，然上应列宿，非同小可，出补外任便是县令，宰制百里，一方生灵托命于他，苟非其人，民受其祸。我所以不敢轻易与人。"

盖钱物犹可恩予，名器[3]不可滥授也。明帝心切于爱民，故为民择官不以情夺，可谓知所重矣。前此宣帝[4]拜刺史、守相，辄亲见问，退而考察所行，以质其言，名实不相应者必罚之，有治理效以玺书勉励，增秩赐金，公卿缺则选诸所表，以次用之，故得良吏以保其民。后世人主未闻某守、某郡宰、某邑，亲遣而问之，曰："汝作郡以何为先？汝作邑以何为急者？"其在官也，未尝有察其言、验其行而诛赏之以示劝沮者；其还也，未闻劳而问之曰："汝作郡除民害者几？兴民利者几？汝作邑农桑较前孰富？风俗较前孰美？"而亲其人材，考其政绩，擢为公卿。百执事者由心不在民，乃于吏治漫不经意，如此欲官无殃民之政、朝有得人之效，岂可望哉？

译文：

馆陶公主是汉明帝的妹妹，一天她向明帝请求让自己的儿子做郎官。明帝不准许，只是赏赐了她一千万钱，并对众大臣说："天上的太微垣中有

1 按：此条内容最早见于范晔《后汉书》卷二《显宗孝明帝纪》。

2 出宰：汉代指京官到地方出任县官。

3 名器：名号与车服仪制。奴隶社会与封建社会用以别尊卑贵贱的等级。这里指官禄爵位。

4 宣帝（公元前 91 ～公元前 48 年）：指汉宣帝刘询，本名刘病已，字次卿，西汉第十位皇帝，庙号中宗，谥号孝宣皇帝。

二十五颗星宿，叫做郎位星，由此可见郎官的职位虽然卑微，但是它对应着天上的星宿，非同小可，若是外派出任地方县令，就可以管理百里的地方，一方的百姓都托付给了他，如果所托非人，百姓就会受到祸害。所以我不敢把这个官位轻易地就授予某人。”

钱财物品还可以作为恩赐，但官位却不可以胡乱授予他人。明帝的心思贴近百姓，因此他为百姓挑选官员的时候不会受到感情的影响，可以说是知道该看重什么的人了。以前汉宣宗任命刺史、代理丞相的时候，除在朝亲自召见他们，加以质询外，退朝后还要考察他们的行为，以与他们的言辞进行比对。如果有名不副实的人就一定惩罚他，对于治理有成效的人就下诏书嘉奖、勉励他，增加他的俸禄，赏赐他金银，公卿中有缺位的就从他们中间挑选，按次序任用，因此汉宣帝得到了优秀的官吏来保有他的子民。后世为君主的，从没听说过他们考察某个太守、某个郡长、某个县令，会亲自派人去问他们（以下问题）：“你治理郡县把什么事情当做第一要务？把什么事情当做最紧急的事？”对那些在任的官员，皇帝也从没有通过观察他的言论，验证他的行为来决定诛杀或者奖赏，进而昭示鼓励与惩戒的意思；等那些任职期满回来时，也从没有慰劳的同时且询问说：“你做郡守的时候为百姓除去了几个祸害？又为百姓做了几件有益的事？你做县令期间农业生产情况以前相比谁更丰产？地方风气和以前相比哪个时候更好些？”然后再亲近那些有真才实学的人，考察他们的政绩，提拔为公卿。如果百官之长从内心里就不在乎百姓，对于官员选拔制度漫不经心，期望得到官员不祸害百姓的政局，朝廷每有得人的实效，那又怎么可能呢？

託物喻政

图注：托物喻政[1]

庞参，字仲远，汉安帝朝为汉阳太守。郡人任棠有奇节，参往候之，棠抱儿当户，以一杯水、拔大本薤献之。参曰："水者，欲吾清也；拔大本薤者，欲吾击强宗也；抱儿当户者，欲吾开门恤孤也。"

焦竑解：

庞参，汉安帝时为汉阳太守。汉阳有隐士任棠，参闻其有奇节，躬往看之，无非欲闻其言论以资治理也。棠见参来，乃抱小儿当门而立，以水一杯、大薤一本献之，口中更无一言。参见即悟其意，说道："水者，是欲我清也；拔薤者，是欲我击豪强之家也；抱儿当门者，是欲我开门恤孤也。"以棠托意于物而参遽能得于言语之外如此，其能成善治，以循良称，岂偶然哉？古之为治者，莫不各有师承，如尧学于君畴[2]，舜学于务成昭，禹学于西王国，周公执贽[3]师见者十人。汉初，曹参起兵革为齐相国，犹能虚中堂以师礼事盖公。古人能成事功必有所自来，类如此，庞参于任棠得此意也。迨世益下，此风日微，扬雄叹郡守不请士，县令不迎师，况其上焉者乎？无怪于治之不古若也！

译文：

庞参，汉安帝时任汉阳太守。汉阳有个隐士叫任棠，庞参听说他有高风亮节，就亲自前去看望他，无非是想要听取他的言论以帮助自己治理汉阳。任棠看到庞参来了，就抱着小孩子对着大门口站着，给了他一杯清水、一把薤菜，却没有说一句话。庞参见到之后就立即领悟出了他的意思，说到："水，是想要我清廉为官；拔薤的意思，是想要我打击豪强；抱着孩儿对着大门口

1　按：此条最早见于范晔《后汉书》卷五一《庞参传》。
2　君畴：人名。传说上古圣君尧的老师。
3　贽：古代初次拜见尊长所送的礼物。

站立，是想要我开门抚恤孤儿。”任棠借物表达自己的意思，而庞参竟然能立刻参悟言语之外所表达的道理，看来，庞参能够把郡县治理得很好，以奉公守法获赞于世，不是偶然的呀！古代使国家走向清明繁荣的人，都有师承。比如尧帝向君畴学习，舜向务成昭学习，大禹向西王国学习，周公持师礼拜见的人有十个。汉代初期，曹参从战乱中崛起，做了齐郡的相国，仍然能够大开宰相府，以师长的礼遇对待盖公。古人能够成就功业一定是有缘由的，就像这篇，庞参与任棠的事情便是得了古人此意。只是后来世风日下，这种风气越来越微弱，扬雄曾感叹郡县太守不延请士人、县令不迎请老师的情况，更何况他们上位的人呢？难怪治理得不像古时候一样清明啊！

禮聘遺賢

图注：礼聘遗贤[1]

顺帝[2]备元纁[3]、束帛以聘南阳樊英，天子降寝殿、设坛席，尚书奉引，延问失得。于是处士拂巾衽褐，以企旌车[4]之招矣。

焦竑解：

樊英，字季齐，南阳人，隐于壶山之阳，受业者四方而至。顺帝闻其名，以策书[5]及元纁、束帛聘之。及至，帝乃下寝殿，为英设坛席，令尚书奉引，赐几杖，待以师傅之礼，延问政治得失。由此，处士拭拂巾褐，以俟旌车。所谓举逸民则天下归心者乎？

处士，上足以尊主庇民，次足以洁己厉俗，圣王皆当褒崇优礼以为世劝。我圣祖遣赵通聘壶关县杜敩，敕曰："昔之御宇内者，无倖位，无遗贤，致时和而世泰。朕才疏，遗圣道之良宗，是致贤隐善匿，民未康，世未泰。今尔博学君子，齿有年矣，符[6]若到，精力有余，则策杖来朝，果可作为，加以显爵与朕同游。"夫以圣祖之盛德，聘一儒生，犹自谓"才疏，遗圣道之良宗"，其折节礼贤之心何如也？敩一草莽之臣耳，犹曰"与朕同游"，其待臣下之厚何如也？嗣后天顺中之吴与弼、成化中之陈献章，犹间一举行，今则寥寥绝响矣。故大小臣工，尽出科目，不知敦实行者或不足于浮词，崇礼义者或耻同于奔竞。

人材无穷，岂一途所能尽括哉？似当仿国初遗意，令守臣博访隐逸遗材，具以名闻，然后遣使征聘，随材器使，将人才争自濯磨以承德意，礼义廉耻可兴，风俗可厉，其有补于世道或非浅鲜也。

1　按：此条内容最早见于范晔《后汉书》卷六一《左雄 周举 子勰 黄琼 孙琬》列传。

2　顺帝（115～144年）：指孝顺皇帝刘保，东汉第七位皇帝，是汉安帝的长子。

3　元纁：即玄纁，指黑色的币帛，古代帝王常以玄纁为征聘贤士的贽礼。

4　旌车：即旌蒲，古时征聘贤士所用的旌帛和蒲车。

5　策书：汉朝命令中的一种。它的作用是由君主自上而下颁布教令，以驱策臣下，当时只用木简写，所以称为策，又与册通。

6　符：文中指圣旨、征聘人才的书符。

译文：

樊英，字季齐，南阳人，隐居在壶山之南，学子从四面八方来到壶山来向他求学。顺帝听说了他的名声，就下达诏书、送去黑色的币帛和束帛来聘请他。樊英到了之后，顺帝走下寝殿，亲自为他设置讲坛和席位，命令尚书为他在前边引路，赏赐他案几和手杖，以师礼对待他，向他请教政治上的得失。于是那些未出仕的才德学士，都纷纷拂头巾、掸衣尘，等待顺帝前来征聘的旌车。这就是任用逸民而使天下学士诚心归附的现象吗？

那些遁世的才学之士，最优秀的能使君王尊贵、能庇佑百姓，中庸的也足以洁身自好、振作社会风气，凡是圣明的君主都十分尊崇、优待他们以激励世人。我大明圣祖皇帝曾派遣赵通到壶关县聘请杜敩，敕命说："以前统治天下的人，没有一个是无德而身居高位的，也没有被遗漏、未被任用的贤能之人，因此国家和平、安定。我才疏学浅，没有掌握圣贤道理的精髓内容，这才导致人才归隐，善辈藏匿，百姓生活不安康，世道不安宁。现在你们这些博闻多识的人才，都年事已高，书符若是送到时，您还有余力的话，请拄杖入朝为官吧。果然能够有所作为的话，一定封予显要的爵位，与我一道享受荣华富贵。"以圣祖皇帝的盛德，聘请一个儒生，尚且自称"才疏学浅、漏遗了圣贤大道的精髓"，他纡尊降贵、礼贤下士的心意是怎样的虔诚呀！杜敩只不过是一个民间臣子而已，竟然说"和我一道共享荣华富贵"，圣祖皇帝对臣子的优待是怎样的丰厚呀？之后，像天顺年间的吴与弼、成化年间的陈献章，国君还偶尔会向民间征聘贤能才士，现在这样去求访人才的事很少，几乎成绝响了。因此现在朝中的大小官员，都是通过科举考试选拔出来的，孰不知敦厚诚实、善做实事的官员也许是不善于文采辞章的，崇尚礼制、道义的人也许不善于奔走争竞。

人才没有穷尽，岂是一种方法就能全部网罗得到的呢？似乎应当效仿建国初期圣祖皇帝的意思，命令各级地方官四处寻访隐居遁世、被人遗漏的人才，将他们的姓名全部报上来，然后派遣使者去征召、聘请他们，根据他们的才能授予不同的官职，从而使人才争相磨砺自身的修为以便顺承君主的美意，这样的话，礼义廉耻就会兴盛，社会风气就会有所振作，它对世道人心的补救意义或许不是浅显微小的呀。

師事名賢

图注：师事名贤[1]

童子魏照求入事郭泰，供给洒扫。泰曰："当精义讲书，何来相近？"照曰："经师易获，人师难遭，欲以素丝之质附近朱蓝。"

焦竑解：

郭泰，字林宗，汉灵帝时人，以有道征，尝游太学，诸生三千人，林宗为之冠。童子魏照求师事之，供给洒扫之役。泰说："汝少年，当精研文义，讲读经书，何得暇来与我相近？"照对说："传经之师，求之易得，人有可为师范的甚难遭遇。今我之来，正以人师所在，可朝夕观摩以化于善，如以素丝附近朱蓝，惟其所染耳。"

盖圣贤之道，体于身心，身心所有者，其精也，经书所传，其糟粕也。口诵古人之言而于身心毫无干涉，亦复何益？晋司马越[2]曰："学之所入浅，体之所安深"[3]，是以闲习礼容不如式瞻仪度，讽诵遗言不若亲承音旨，岂非以一遇人师则目击道存[4]，正容而悟之，使人之意也消[5]。视夫言语文字之末，其为得何啻霄壤哉？孔子曰："吾无行而不与二三子者，是丘也。"[6]此正欲学者师于人而不师于经之意。魏照一童子而能见及此，亦可谓颖异不群者矣。

---

1 按：此条内容最早见于袁宏《汉记》，《太平御览》卷八一四收入此条。

2 司马越：字元超，西晋宗室，高密王泰长子，"八王之乱"的最后一王。

3 学之所入浅，体之所安深：此话出自《晋书》卷四九，意思是由学习而进入内心的东西影响浅小，由体会而进入内心的东西影响深刻。

4 目击道存：目光一触及，便知"道"之所在。《庄子·田子方》："仲尼曰：'若夫人者，目击而道存矣，亦不可以容声矣。'"意思是，一见到那种道德崇高之人，即明白道之所在，不需要借助表情与话语。

5 按：这句话意思出自《庄子·田子方》，曰："物无道，正容以悟之，使人之意也消"，意思是，万物客观存在，没有主观意念，人按照万物自身规律去体悟万物，然后物支配人的意义就自然消失了。

6 按：这句话出自《论语·述而第七》"子曰：'二三子，以我为隐乎？吾无隐乎尔，吾无行而不与二三子者，是丘也。'"由于孔子识见深广，德行高超，他的弟子怀疑他在教授时有所隐匿保留，于是孔子说了这番话。这句话的意思是，你们认为我对你们的教诲有所隐匿保留吗？我没有对你们隐匿，我的所行所为无不和你们在一起，那些识见道德就是我本人的外在体现。

译文：

郭泰，字林宗，汉灵帝时期的人，因为德才兼备而受到朝廷征召。他曾经在太学学习，太学中有学子三千人，郭泰是他们中最出色的一个。有个叫魏照的少年请求师从郭泰，愿意为他做些洒扫庭院的琐事。郭泰说：“你年纪正小，应当精心研究经典的深意，讲习研读典籍诗书，哪有时间与我近身相处？”魏照回答说：“传授经书典籍的老师容易找到，而为人师表的老师却很难遇到。今天我来，正因为可堪师表的人就在这里，我可以早晚观察、模仿，被他的善行所浸染濡化，就如同将白绢放在丹砂、蓼蓝染料中只是为了被浸染一样。”

圣贤之道，要从身心体悟而来，那些由身心体悟而拥有的东西，才是道之精华，而书籍文献所记载传播的，只是道之糟粕。口中诵读古人的言论而自身身心却丝毫不受它的影响，这又有什么益处呢？西晋司马越说：“学习到的道理是浅显的，慢慢体悟出来的道理是深刻的。”因此，熟习礼仪容止不如去亲眼观瞻他的仪容风度，诵读他流传下来的话不如亲耳聆听他的教诲，这难道不是一旦遇上可堪表率的师者，就目击道存，而运用物自身的规律理解物，于是物支配人的意思就自然消失的道理吗？这样，再比较那些由语言文字而得到的细枝末节的东西，二者之间哪只是天壤之别呀？孔子说：“我的所行所为无不与你们在一起，而我所具有的那些高妙的识见、不群的德行正是我自身的风范”，这正是要学者以人为师而不以经书为师的真意，魏照只是一个小孩就能够看到这一点，也真可谓是颖异不群的人啊。

教子讀書

图注：教子读书[1]

先主敕其子禅曰："勉之勉之，勿以恶小而为之，勿以善小而不为。惟贤惟德，能服于人。汝父德薄，勿效之，可读《汉书》、《礼记》，闲暇历观诸子、《六韬》[2]、《商君书》，益人意智。闻丞相为写《申》、《韩》、《管子》、《六韬》一通已毕，未送道亡，可自更求。"

焦竑解：

《汉书》是班固所作史书，《六韬》是太公兵法，《商君书》是秦人商鞅所作，申名不害，韩名非，管名夷吾，三子皆其所作书名。先主戒子曰："恶虽小，积之足以召祸。善虽小，积之足以致福。汝不可以小恶为无伤而不戒，以小善为无益而不为也。非贤而德，难以服人，为善去恶，正贤德者用力处也。"《汉书》记一代之实事，《礼记》多先圣之格言，人知其当读。至《申》、《韩》、《管》、《商》、《六韬》等书，儒者或非之，先主敕以勉其子，孔明写以献于君，岂无故哉？

盖衰世之主，率多柔懦庸愚之佐，惟知姑息，故权横之臣有罪不坐，豪猾之民犯法不诛。宽贷而人不知恩，纵弛而威不能振，奸宄得志，纪纲不立，不至危亡不止也。此等书多综核法术之言，时时诵读，益人意智自是不浅。昔孟光问郤正禅所习读并其性情好尚，正答曰："奉亲虔恭，夙夜匪懈，接待群寮，举动出于仁恕。"光曰："此家户所有耳。吾今所问，欲知其权略、智调何如也。今天下未定，智意为先，宁当如博士探策讲试以求爵位耶？当务其急者！"由此言之，先主盖因其子之所不足者勉之，不可以儒生之常谈论也。

---

1 按：此条内容见于明代杨时伟所编《诸葛忠武书》卷三。

2 《六韬》：古代著名兵书，又称《太公六韬》、《太公兵法》，旧题周朝的姜尚著，普遍认为是后人依托，作者已不可考。现在一般认为此书成于战国时代。全书以太公与文王、武王对话的方式编成。

译文：

《汉书》是班固撰写的史书，《六韬》是太公姜尚撰写的兵法书，《商君书》是秦国商鞅著作，《申》是申不害的著作、《韩》是韩非子的著作、《管》是管仲的著作，他们三人的名字都用作他们著作的书名。三国时期蜀国先主刘备告诫儿子说："恶行虽小，但积累下来足以召来灾祸。善行虽小，但积累下来足以带来福音。你不可以认为小的缺点无伤大雅就不戒除掉，认为小的善行没有什么益处就不去做。不贤良淑德的人难以让众人信服，为善去恶，正是贤德之人努力做的地方。"《汉书》记录了整个汉代的史事，《礼记》多记载先贤圣人的格言，人们都知道应当阅读他们。至于《申子》、《韩非子》、《管子》、《六韬》等书籍，儒家学者中有的人不认可它们，而先主刘备却下令用来劝勉儿子，孔明亲自抄写进献给刘禅，难道是没有原因的吗？

大概末世君主，多是由懦弱庸愚之辈辅佐出来的，此辈只知道没有原则地宽容，于是权势、霸道的大臣即使是有罪也不会遭到诉讼，骄横狡诈的百姓即使触犯了法律也不会被诛杀。一味地宽恕，人们便不会感念其中的恩德，法纪松弛，国威就会不振，违法乱纪之人志得意满，纲常法度不再矗立，这种情形不到国家危亡就不会收敛。孔明所抄的那些书多是全面衡量、核查过的法家术士言论，常常吟咏诵读，对人心与智术的锻炼很有帮助。以前孟光向郤正询问刘禅所读的书以及性情喜好，郤正回答说："（刘禅）奉养父母非常虔诚恭敬，昼夜不敢懈怠，对待大臣下属，一举一动都能从仁爱宽厚的角度出发。"孟光说："这是平常人都做的事情。我现在问的问题，是想知道他的权术智谋怎样。现在天下还没有安定，作为君主，权谋智术更重要，怎么能像博士为通过考试、谋求爵位一样地学习呢？应该做当下最紧急的事情。"由孟光等人的对话来看，刘备教子读法家之书大约是根据自己儿子所不足的地方来加以劝勉，所以不能用儒生们普通的想法去评论、看待。

傷指自悲

图注：伤指自悲[1]

范宣年八岁，后园挑菜，误伤指，大啼。人问："痛耶？"答曰："非为痛，身体发肤，不敢毁伤，是以啼耳。"

焦竑解：

范宣是晋陈留郡人，年八岁时，在后园中挑菜，误伤手指，因大啼哭。傍人问他："汝之啼哭，岂为痛耶？"答曰："我哭非为痛也。《孝经》上说道：'身体发肤，受之父母，不敢毁伤，孝之始也。'我今伤指，便是伤了父母的遗体，不孝之罪将无所逃，此我所以悲耳。"

夫古人教子立之师保[2]，师所以导之教训，保所以保其身体，是养德养身，都是少年切要的事。范宣幼时能见及，此可谓颖异不群者矣。观孔子告孟武伯问孝曰："父母惟其疾之忧。"夫亏体则不孝，谨疾则孝，人子所以自爱其身以安父母之心者，可一日忽哉？汉王吉有言："俯仰屈信以利形，进退步趋以实下，吐故纳新以练藏，专意积精以适神。"此皆可以保身者，所当法也。"枚乘有言："出车入辇，命曰蹷痿之几；洞房清宫，命曰寒热之媒；皓齿蛾眉，命曰伐性之斧；甘脆肥醲，命曰腐肠之药。"此皆可以害生者，所当节也。如二子之言，可书座右以代箴铭。

译文：

范宣是东晋时期陈留郡人，他八岁的时候，在家中后院里挖菜，不小心伤着了手指，于是大声啼哭起来。旁边的人问他说："你这么大声地哭，难道是很痛吗？"范宣回答说："我哭不是因为疼痛。《孝经》上说：'人的身体四肢、头发肌肤都是父母赋予的，不敢损坏伤害他们，这是孝顺的开始。'

1　按：此条内容最早见于刘义庆《世说新语》卷上之上。

2　师保：古时任辅弼帝王和教导王室子弟的官，有师有保，统称"师保"。《易·系辞下》："无有师保，如临父母。"也泛指老师。

我现在割伤了手指，就是损伤了父母赋予我的身体，不孝的罪责就无以逃脱，这才是我悲伤哭泣的原因。”

古人设立师保来教育子孙，师的职责是引导他获得经验，保则教育他保护自己的身体，这修养德行和保养身体都是少年最紧要的事情。范宣幼年的时候就能明白这个道理，可以说是聪颖非凡了。孔子对于孟武伯请教的有关孝的问题的回答是 :“父母只是担忧子女是否生病。”损伤身体就是不孝，谨防疾病就是孝，所以通过爱惜自己的身体来安抚父母担忧的心情这类事情怎么可以哪一天疏忽呢？汉代王吉曾说 :“做俯仰屈伸的动作以益于体形，进退伸缩、慢走快走以使下身结实，吐出浊气、呼吸新鲜空气以锻炼五脏内腑，专心储蓄精气以使精神舒适。”这些都是可以保养身体的方法，应当效法。枚乘说 :“出门之车、入门之辇，可称之为手足麻痹的关键 ; 冷暖适宜的宫室，可称之为身体寒热的媒介 ; 皓齿娥眉，可称之为损伤性命的斧头 ; 鲜美可口的食物，可称之为烂肠毒药。”这些东西都是会伤害人身体的东西，应当节制。像王吉和枚乘两个人所说的话，可以把它们写在座位右边代替箴言铭语。

運甓習勞

图注：运甓习劳[1]

陶侃为广州刺史，在州无事，辄朝运百甓于斋外，暮运于斋内。人问其故，答曰："吾方致力中原，过尔优逸，恐不堪事，故自劳尔。"

焦竑解：

广州即今广东广州府地方，甓是砖，斋是退居的去处。陶侃在广州破杜弘、诛王机、擒温邵，叛乱悉平[2]，威名既立，州中无事，然侃却有远志，不以无事自安。每退居私室，早晨自家运砖百块于斋外，晚间又运将进来。人见他每日如此，不知其故，从而问之。侃说："今王室陵夷，盗贼群起，我要替朝廷出些气力，平定天下。若因此州无事便任意偷安，恣情逸乐，一向自在惯了，却恐筋力懈弛，不堪任事，所以早晚运甓，不放此身安闲，以习劳苦尔。"

大抵人之志意，能兢惕则明，好偷惰则昏；人之精力，常练习则强，务安逸则弱。《易》曰："天行健，君子以自强不息"，陶侃之运甓，盖亦有自强不息之义焉。当时人士，崇尚清谈，遗弃世事，以衔杯为高致，以勤事为俗流，侃独不安于暇逸，如此可谓卓尔不群者矣。

译文：

广州就是现在广东广州府所在的地方，甓是砖，斋是居住休息的地方。陶侃在广州大破杜弘、诛杀了王机、抓住了温邵，叛乱全部被平定，威名已立，州内也安定无事，但是陶侃却有远大的志向，不因为州内无事就自享安逸。每每回到家中，早晨从家里搬运一百块砖到书房外面，晚上又把这些砖运进来。人们见他每天都这么搬砖，不知道其中的缘故，于是就问他。陶侃说："现

1　按：此条内容最早见于房玄龄《晋书》卷六六。

2　按：王机与杜弘、温邵、刘沉等一起造反。陶侃任职广州后，先大破杜弘，活捉刘沉，又令部下许高征讨王机，皆杀之。部下请求乘胜追击温邵，陶侃笑称："吾威名已著，何事遣兵，但一函纸自足耳"，于是下书温邵，温邵恐惧而逃，被追获。事迹见载于《晋书》卷六六。

在王室力量羸弱，国事衰败，强盗贼寇纷纷而起，我要替朝廷出些力气，平定天下。如果因为这个州内安然无事就放纵自己偷安享乐，一旦过惯了自在安逸的生活，恐怕就会筋骨松弛，意志懈怠，不能承担什么大事，所以我早晚搬运砖块，不放任身体享受安乐闲适的生活，要让它习惯劳累的状态。”

人的意气志向，如果能够经常警戒而有所惧怕，就会清明；如果喜好懒惰懈怠，就会昏暗；人的精神气力，经常练习就会很强壮，只图安逸享乐就会虚弱。《易经》说：“自然万物运动刚强劲健，有志向之人也应当不断努力、发奋图强。”陶侃搬运砖块，大概也有自强不息的意思吧。当时的人崇尚空谈玄理，不管世事，把饮酒当做高雅的情致，把勤勉于实事当做庸俗之人所为，只有陶侃竟如此不满足于闲适安逸的生活，可以说是个与众不同的人了。

不賣的盧

图注：不卖的卢[1]

庾亮乘马有的卢，或语令卖去。庾云："卖之必有买者，即复害其生，宁可不安己而移于他人哉？昔孙叔敖杀两头蛇以为后人，古之美谈，效之不亦达乎？"

焦竑解：

庾亮，晋人。《相马经》[2]曰："马白额入口至齿者，名曰的卢。奴乘客死，主乘弃市，凶马也。"庾亮有此马，或劝其卖去。亮说："我若卖之，必有买者，我恐其害生而卖之人，是移此祸于他人也。嫁祸于人，仁者不为。昔楚人孙叔敖为儿时，出道上见两头蛇，杀而埋之，归而涕泣，母问其故，叔敖对曰：'闻见两头蛇者必死，今出见之，是以泣耳。'母问蛇所在，对曰：'恐后人见，杀而埋之矣。'母曰：'夫有阴德者，必有阳报。尔无忧也。'其后，官至令尹，享福禄者若干年。今我效其所为，亦达者之事，不必如俗之拘忌也。"后来，亮亦拜征西大将军、荆州刺史，非惟妖不为害而反以致福，人之立心可不择仁而处哉？

译文：

庾亮，是晋朝时期的人。《相马经》上说："额头上有白色的斑点并且一直延伸到马嘴的马，叫做的卢马。奴仆乘坐此马就会客死他乡，主人乘坐此马就会遭遇死刑，是不吉利的马。"庾亮有一匹的卢马，有人劝他卖掉这匹马。庾亮说："我如果卖了它，就一定会有买它的人，我如果因为担心它给我带来祸害就把它卖给别人，这是把祸害转移给别人。嫁祸于人，这是仁义之人绝不会做的事情。以前楚国人孙叔敖年幼的时候，出门在路上见到了两头蛇，就杀死它并埋掉它。回家后他一直哭泣，他母亲询问缘由，孙叔敖回答说：'我

1　按：此条内容出自刘义庆《世说新语》卷上之上。

2《相马经》：春秋时期伯乐总结毕生相马经验而写成，是我国历史上第一部相马学著作。

听说凡是见过两头蛇的人就一定会死，今天我出门见到它了，所以我才哭。’他母亲问现在两头蛇在哪里，孙叔敖回答说：‘我担心别人见到它，就杀死它埋掉了。’母亲说：‘积了阴德的人，一定会得到阳报。你不要担忧。’后来孙叔敖官至令尹，享受许多年的荣华富贵。现在我仿效孙叔敖的做法，也是通达的人应该做的事情，没有必要像世俗看法那样拘谨、忌讳。”后来庾亮也官拜征西大将军、荆州刺史，妖邪的东西不但没有造成祸害，反倒因它而得到福气，一个人的立意、出发点能不以仁义为基础吗？

觀穫進規

图注：观获进规[1]

范云尝从文惠太子幸东田观获稻。文惠顾云曰："刈此甚快。"云曰："三时之务，亦甚勤劳，愿殿下知稼穑之艰难，无殉一朝之晏逸也。"文惠改容谢之。及出，侍中萧缅就车握云手曰："不谓今日复见谠言。"

焦竑解：

范云，南齐时为记室[2]。文惠，齐武帝[3]长子。云随文惠至东田观刈稻，文惠言刈获甚是快事。云对说："田至刈获甚不容易，前此春耕、夏耘与秋收，三时之间备极劳苦。殿下思其艰难则重农惜费，自有忧勤不暇者，又何敢自图安逸也哉？"

盖国以民为本，民以食为本，成周八百年基业皆自稼穑中来。周公恐成王不知稼穑之艰难，小民之命脉，《无逸》[4]一书，拳拳言之，正合此意。后世有《闵农》诗曰："锄禾日当午，汗滴禾下土。谁知盘中餐，粒粒皆辛苦。"言人借农以养，不可不知农之劳苦也。又曰："二月卖新丝，五月粜新谷。医得眼前疮，剜却心头肉。"言农夫困穷，未有丝先图卖，未有谷先图粜，皇皇然救急不暇也。又曰："我愿君王心，化作光明烛。不照绮罗筵，遍照逃亡屋。"[5]言贵臣富室剥民自奉，筵张绮罗，侈靡极矣，乃又席宠负势，愈为民病，民不堪命，日致逃亡。人君洞照此苦，能无隐痛于心乎？

此小诗常常讽诵，当思农夫耕田百亩，粟入几何，输租几何，粪工几何，徭役几何，除租、官税、徭役之外，所余几何，乃知四民之中惟农最苦。而

---

1 按：此条内容最早见于姚思廉《梁书》卷一三《范云沈约》列传。

2 记室：指掌官文书之官，如最初在东汉时太尉官有记室令史，太守都属官有记室史。

3 齐武帝（440 ~ 493年）：指南齐世祖武皇帝萧赜，字宣远，小字龙儿，南朝南兰陵（治今常州西北）人，南齐的第二任皇帝，齐太祖萧道成长子。

4 按：《无逸》出自《尚书》。无逸，不要贪图安逸，文章开篇即言"君子所其无逸，知稼穑之艰难"，全文集中表达了戒淫戒逸的思想。

5 按：三段引诗，第一首是唐代李绅的《闵农诗》，第二三段引诗出自唐代聂夷中的《田家》。

贪暴之吏又从而剋削之，下情隔远不得上达，自非留心民瘼，万方体察，安能使之得其所哉？我圣祖尝命画古孝行及起家艰难、身所经历之事为图，以示子孙，曰："朕家本业农，祖父皆长者，世承忠厚，积善余庆，以及于朕。今图此者，使后世见之，知王业艰难也。"煌煌圣言，可为深念。

译文：

范云，是南朝齐国掌管文书的官员。文惠，是齐武帝的长子。范云跟随文惠到东田观看收割水稻，文惠认为收割庄稼是快乐的事情。范云回答说："田里的作物到收割这一步非常不容易，在此之前春天要犁地播种、夏天要去除杂草、秋天收割，三个时节都极其劳累辛苦。殿下您想到农耕的艰难就会重视农业、珍惜自己所花费的东西，自然就会因忧念百姓、勤勉治国尚不得闲暇，又哪里敢独自贪图安逸呢？"

国家以百姓为根本，百姓以粮食为根本，周王朝的八百年基业都是从农业中得来。周公旦担心成王不知道稼穑艰辛，不明白农业是百姓的生活命脉，而《无逸》这篇文章，言辞恳切，正符合周公对成王的这番心思。后世有《闵农》诗，"锄禾日当午，汗滴禾下土。谁知盘中餐，粒粒皆辛苦。"意思是人依靠农业生产养活，不可以不知道农业劳动的艰辛。又有诗说："二月卖新丝，五月粜新谷。医得眼前疮，剜却心头肉。"讲的是农夫生活贫穷困苦，蚕丝尚未结成就先想着卖的事情，谷子尚未收获就先想着出粜，惶惶忧急，自家水火急事也无暇顾及。又有诗云："我愿君王心，化作光明烛。不照绮罗筵，遍照逃亡屋。"意思是是说达官显贵靠剥削百姓来满足享乐，大开筵席，绫罗绸缎，奢靡浪费到了极点。又仰仗着君王的宠幸和权势，更加成为百姓疾苦的症结，百姓受不了驱使，日渐逃亡。君主深晓百姓这些苦楚，能在心中没有痛苦呢？

这类小诗常常讽咏，就应当好好想想，农民种田百亩，收获粮食多少，交租多少，粪肥、劳力要多少，徭役赋税多少，而除去田租、官税、徭役之外，还剩下多少，这样才会知道，士农工商四民之中只有农民是最艰苦的。但是贪婪暴虐的官吏又克扣剥削他们，下层百姓的冤情没有办法向上传达给皇上知道，如果不是关注百姓疾苦，多方体察实情，又怎么可能让百姓安居乐业、各得其所呢？我大明圣祖皇帝曾经命人将古人的孝行以及创业艰难、亲身经历过的事绘成图画给子孙们看，说："我家本来世世务农，祖辈、父辈都是受人尊敬的人，世代忠诚、仁厚，积德行善，这才有了现在的我。现在我让人把这些事情画成图，让后世子孙看了，知道开创江山基业的艰辛。"圣祖这些敞亮开明的话语，值得深深思考。

投籤警寐

图注：投签警寐[1]

陈文帝[2]起自布衣，妙识真伪，下不容奸一。夜内，刺闺取外事分判者，前后相续。每鸡人[3]伺漏传签于殿中者，令投签阶石上，枪然有声，云“吾虽得眠，亦令惊觉”。

焦竑解：

陈文帝，名蒨。刺闺，是夜间门闭，传令穿隙中以出也。鸡人是报晓者。签是更筹。史记文帝起自布衣，知百姓每的疾苦，妙识人之真伪，下人奸弊，一无所容。每夜，令刺闺取外面事来分判者，前后接续。鸡人伺漏传签于殿中者，令他投签于阶石上，欲其枪然有声，说：“我虽熟睡，亦使惊觉。”其自强苦如此。

大抵天下事物，未有久而不坏者，惟流水不腐、户枢不蠹，以其运动也。末俗之敝，乐晏安而惮兴作，习委靡而忘振起，如文帝所为，可谓能自克矣。但臣任事，君任人，自有体要在焉。《书》云：“率作兴事，慎乃宪，钦哉！屡省乃成，钦哉”，此人君之体也。故善治之主，未尝一日不用人，又未尝不昼夜而提策之，曰：“吾前日兴某利，今果兴乎？前日去某害，今果去乎？利当兴而未兴，害当去而未去，或法制有未善乎？或有沮抑于下而使法制不得行乎？”及利已兴、害已去矣，又曰：“果能久而不变乎？”故曰屡省者，言其不一而足也。朝省之，暮又省之，今日省之，明日又省之，虽不至侵臣下之职，而综核驾驭、操柄在我，岂容怠荒？苟一或少惰，其权一去，将至不可复收，甚可惧也。

我圣祖尝曰：“人君日理万几，怠心一生则庶务壅滞，贻患不可胜言。

1　按：此条内容最早见于《南史》卷九《陈本纪》。

2　陈文帝（522 ~ 566 年）：名陈蒨，字子华，南北朝时期陈朝第二位皇帝，559 ~ 566 年在位，年号天嘉。

3　鸡人：周官名。掌供办鸡牲。凡举行大典，则报时以警夜。后指宫廷中专管更漏的人。

朕即位有年，常以勤惕自勉，未旦即临朝，晡时而后还宫。夜卧不能安席，披衣而起，或仰观天象，见一星失次即为忧惕；或量度民事，有当速行者即次第笔记，待旦发遣。朕非不欲暂安，但祇畏天命，不敢故尔。”此万世所当法也。

译文：

陈文帝，名字叫陈蒨。刺闺，是晚上宫门关闭后，在宫内外走动传令的人。鸡人是报告时间的人。签是报更用的计时竹签。史书记载，文帝出身平民，知道百姓生活中的各种艰难困苦，善于识辨人是真诚还是虚伪，手下大臣但有谲诈舞弊的，绝不宽容。每天晚上，宫门关闭后，文帝就让传令官将宫外的事务传送到宫内来处理裁夺，传令官前后相接，没有间断过。文帝让报时官员在报更时，要把报更竹签朝向石台阶扔，想让它以发出枪枪的响声。文帝说："我即使熟睡了，也能用它惊醒睡眠。”文帝就是这样强迫自己吃苦。

凡是天下的事物，没有什么能长久保持下去而不毁坏的，只有流动的水不会发臭，转动的门轴不会腐烂，因为它们在不停地运动。末世习俗的弊端就在于，喜欢安定而放逸之风兴起，习惯于颓废而忘记振作。像文帝那样的做法，可以称得上是善于克制自己了。但凡大臣做事，君主选任官员，都各有各的要领所在。《尚书》说："君主带领大臣处理朝廷政事，慎重是原则，谨慎啊！多次检查反省才能够成就伟业，谨慎啊！”这是做君主的纲要啊。因此善于治理国家的君主，没有一天不是任命大臣来办事的，又没有一个不是早晚对大臣提醒说："我前几天办了某件对百姓有利的事情，现在真的做了吗？前几天我去除了某个祸害，现在祸害确实去除了吗？有益于百姓的事情应当做而没有做，危害百姓的事情应当去除而没有除去，那么是法律制度不完善呢？还是下面有阻碍以至于法律制度不得施行呢？”等到有益的事情做好了、祸害去除了，又说："确实能这样持续下去而不改变吗？”因此《尚书》

中说“屡省”，意思就是说事情不是一次就能完成。早晨检查了，傍晚又检查一次，今天检查了，明天再检查一次。这样做虽说不至于侵犯下属的职责，但是综合考量、掌控操纵的权力却在我手中，怎么能让自己懈怠、散漫呢？倘若稍稍懒惰，君王的权力一旦失去，再到不能收回的地步，那是非常可怕的。

我大明太祖皇帝曾说：“君王每天都要处理许多繁杂的政务，懈怠的念头一旦产生，就会让很多政务积压在一起，由此留下的麻烦、祸患，就说也说不完了。我登基已经有些年头了，常常勉励自己要勤勉谨慎，天没亮就上朝，傍晚才回宫休息。晚上睡不安稳，经常披衣起来，有时仰观天象，只要看到有一颗星星不在它原来的位置，立刻就会担忧警惕起来；有时考虑衡量民间庶务，有需要尽快施行的事就马上拿笔把它们按顺序记下来，等到天明后发布命令、派人去办理。我并不是不想偷得一时的安乐，只是畏惧上天，不敢懈怠罢了。”太祖所言是万世君王应当效法的呀。

弓矢喻政

图注：弓矢喻政[1]

太宗谓萧瑀曰:“朕少好弓矢,自谓能知其妙。近得良弓十数,以示弓工,乃曰:‘非良材也。盖木心不正,脉理多斜。弓虽刚劲而遣箭不直。’朕始悟焉。朕以弧矢定四方，用弓矢多矣，而有天下日浅，得为理之意，故未及弓。弓犹失之,况于理乎？”自是诏京官五品以上更宿中书省[2],每召见,皆赐坐与语,询访外事，务知百姓利害，政教得失。

焦竑解：

萧瑀是唐朝大臣。太宗尝语之曰：“我自少好弓矢，自说其好处无有不知。近日得弓十数，以为良弓，及示作弓者，乃说：‘此非良材。盖弓以木为之，木心不正，其脉理也都不正，纵是刚劲有力，遣箭必不能直。’朕闻其言乃知非真良弓也。朕定天下全赖着弧矢,用过了许多,犹有差失。况得天下日浅，其见为治之理非如见弓矢之多也，岂能无失？”因此令京官五品以上者，每夜更番入直中书省，时时赐坐，询访外事，凡百姓利害、政事得失，皆使之直言无隐。

盖天听虽聪，不启不广；群情虽忠，不引不尽。太宗开创之主，备知世事而犹亟于咨访，其贤明为后世最宜哉。君子曰：“天子处阛阙[3]之中，帷帐之内，广厦之下，旃茵之上，不出襜[4]幄而知天下者，以有贤左右也。故独视不如与众视之明也，独听不如与众听之聪也。”信然哉，信然哉！

---

1 按：此条内容最早见于《贞观政要》卷一。

2 中书省：古代官署名。

3 阛阙:城阙。阛，古代是指瓮城的门。瓮城，是为了加强城堡或关隘的防守，而在城门外（也有在城门内侧的特例）修建的半圆形或方形的护门小城，属于中国古代城市城墙的一部分。阙是指皇宫门前两边供瞭望的楼。

4 襜：指古代的一种短便衣。

译文：

萧瑀是唐朝时期的大臣。唐太宗曾经对他说："我从少年时期就喜欢弓箭，自认为对于弓箭的妙处无不知晓。最近我得到十几张弓，认为它们都是好弓，等我把它们拿给制作弓箭的工匠看的时候，才听工匠说：'这不是好的材料做成的弓。弓是用木材做成的，做这些弓的木材中心不正，脉络纹理也都不正，纵然做成的弓刚劲有力，但是射出的箭一定不直。'我听了他的话才知道这些弓并不是真的好弓。我平定天下全靠的是弓箭，用过很多张弓，还是有失误走眼的时候。何况我治理天下的时间尚短，所掌握到的治理天下的道理还不如对弓箭的了解多，怎么能够没有过失呢？"因此太宗命令五品以上的京官，每天晚上轮流在中书省内值班，经常给他们赐座以咨访朝廷政事，凡是涉及百姓利害、政治教化的事情，都让他们直言相告，不可隐瞒。

天子虽然聪慧，但是不启发就不会识见广博；众臣虽然忠诚，但是不引导就不能尽量发挥。唐太宗是开创基业的君主，非常了解社会上的事务，仍然急切地向大臣咨访各种事情，他的贤能圣明是后世君主最应该学习的呀。有德行的君子说："天子住在宫城之中，处于帷幕床帐之内，站在壮丽的宫殿之下，坐在毡制的坐垫之上，不用更衣出宫就可以知道天下的事情，这是因为他有贤能的左右大臣辅佐自己。因此一个人看不如和众人一起看来得明白，一个人听不如和众人一起听得清楚。"确实如此啊，确实如此！

開館親賢

图注：开馆亲贤[1]

上于弘文殿聚四部书二十余万卷，置弘文馆[2]于殿侧，精选天下文学之士虞世南、褚亮、姚思廉、欧阳询、蔡允恭、萧德言等，以本官兼学士，令更日宿直，听朝之隙引入内殿，讲论前言往行，商榷政事，或至夜分乃罢。

焦竑解：

四部书是经、史、子、集四类。唐太宗见得帝王修身治天下的道理，无一件不载于书，乃于弘文殿中聚集四部书，约有二十余万卷，以备观览。因开馆于殿傍，名为弘文馆，妙选天下文学之士，使居其中，选得记室虞世南，文学[3]褚亮、姚思廉，给事中[4]欧阳询，参军蔡允恭，著作郎萧德言六人，皆以本官兼弘文馆学士，使之轮日直宿。每朝毕，遇有间隙时，即引诸学士入至内殿，将古昔帝王嘉言善行载在经籍者一一讲论，务考究其成法；朝廷见行的政事有疑难不决者，件件商榷，务参酌以时宜，常至夜分方才停止，不以为劳，其延访之勤如此。

昔李淑为侍读，言于仁宗[5]曰："观唐室召见近侍讲经，本欲因事立训，鉴往知今，人君多借是名与近臣谈议政事耳。"此言甚得设官讲读之意。若但如前人所讥，案旁讲经数行而退，弥历岁月，所益几何？况后世事务当询者众，如将领之人畏敌而不畏法，司牧之官顾家而不顾民，言事者知党与而不知朝廷，当权者好谀佞而不好正直，浇风敝政，未易悉数。若徒上下循默，不求省改，其害将有不知所终者。然则稍法唐人之所为，夜引儒臣分番直宿，

1 按：此条内容最早见于范祖禹《帝学》卷二。

2 弘文殿：官署名，唐武德四年（621年）置修文馆于门下省。武德九年（626年），太宗即位，改名弘文馆。

3 文学：官名，略如后世的教官。唐代诸王府也设文学，唐初，州县置经学博士，唐德宗时改称文学。

4 给事中：官名，在唐代为正五品上，是门下省中的重职，分判本省日常事务，具体负责审议封驳诏敕奏章，有异议可直接批改驳还诏敕。

5 仁宗（1010～1063年）：指宋仁宗赵祯，北宋第四代皇帝，1023～1063年在位。

或以日间已讲读而意所未谕者，再使详解细说；或自以古昔治乱兴亡叩问原本，使之明白启导；或万几之暇，有疑贰不决者，就事咨询，使之开陈献纳。因以明习国事，揣知人才，杜欺蔽之原，振陵夷之渐，似亦治世之所当急也。

译文：

四部书是指经、史、子、集四大类书籍。唐太宗发现关于帝王修身、治天下的道理全都记录在书籍中，于是就在弘文殿中聚集了经史子集四大类书，大约有二十多万卷，以便自己随时翻阅浏览。又在弘文殿旁边开设了弘文馆，精心挑选天下精通文学的名士，让他们居住在馆中。被选中的有记室虞世南，文学褚亮、姚思廉，给事中欧阳询、参军蔡允恭、著作郎萧德言六个人，都是在原职上兼任弘文馆学士，并按日子轮流住在馆内值班。每次上朝结束后，如果有空闲的时间，唐太宗就把各位学士引到内殿，将那些载记于经书典籍典古代帝王的嘉言善行逐一讲论探讨一番，务必要考证、研究其中所包含的章法制度；朝廷中正在施行的政务中有疑难不能做决断的，也都一件件拿出与馆臣们商议，务必要根据社会实情仔细斟酌，唐太宗与馆臣们常常谈论到深夜才结束，太宗却不认为这样辛苦，他竟然如此频繁地探访求教。

以前李淑做侍读官的时候，曾经对宋仁宗说："我看唐朝的皇帝都会召见近侍来讲读儒家经典，本意是想要通过先贤古人的故事来训诫今人，(不过)君王也经常借这个名义和亲近的大臣讨论朝廷政务。"这句话说出了设立讲读官的本意。如果只是像前人讥讽的那样，讲读官在君王书案旁边只是讲解书中的几行文字就退下，这样迁延时日，即使因循很多年，又有多少益处呢？更何况后世，国家政务应该征询的东西很多，像率军的将领畏惧敌人而不畏惧法令，各级官吏只考虑着照顾自己的家庭而不照顾百姓，进言献谏的人只从自己的利益集团出发说话而不考虑朝廷大局，当权之人喜欢听阿谀奉承而不喜欢听公正耿直，社会上的不正之风、政治上的腐败现象数不胜数。如果只是依循缄默，不进行反思和改正，那么它们带来的害处将无穷无尽。然而只要稍微效仿一下唐太宗的做法，晚上让博学多识的大臣们轮流在宫中值班，或者是没能完全理解大臣白天讲读的东西，就再让他详细解释、说明一番；或者就以过去兴衰治乱之事来向大臣们叩问它们的始末缘由，使他们明白用什么来启发引导君主；或者处理政务之余，有疑惑不定、无法决断的政务，向大臣们征求意见，使他们打开思路，进计献策。由此而熟习国家政事，了解人才，堵塞一切欺诈蒙蔽的根源，让国家从衰败的趋势中振作起来，这似乎也是国家兴盛所要紧急注意的事。

習射殿廷

图注：习射殿廷[1]

上引诸卫将卒，谕之曰："戎狄[2]侵盗，自古有之，患在边境小安，则人主逸游忘战，故寇来莫能御。朕不使汝曹穿池筑苑，专习弓矢，居闲无事则为汝师，突厥入寇则为汝将。庶几中国可以少安乎。"于是，日引数百人，教射于殿廷，上亲临试，中多者赏以弓、刀、帛，将帅亦加上考，由是人思自励，数年之间，悉为精锐。

焦竑解：

太宗当武德时，天下已平，兵革不用，犹引诸宿卫将士告谕之说："夷狄侵盗中国，自古为然，不足为患。所患者只在边境稍宁，为君的恃其治安，专务逸游，忘却战伐之事，不复提备。一旦虏寇乘闲而来，却措手不及，无以御之，深足为患。今海内宁靖，朕不用汝辈之力穿池筑苑以供役使，专教汝辈演习弓矢。平居闲暇无事，则操练教习为汝之师，万一突厥入寇，则统领出征为汝之将。庶乎有备无患，中国之民可以稍安。"于是，每日引领卫士数百人，教射于殿廷之前，太宗亲临比试，有中箭多者即便赏以弓矢、刀剑、绢帛等物，其所部将帅亦考列上等，论功优处，由是将士都人人感激，思自奋励，不出数年，武艺精熟、意气敢勇，尽为锐卒，皆太宗教训、鼓舞之功也。

夫朝堂非教射之地，人主非教射之师，当时亦多谏之。但天下虽安，忘战则危，人君之于武事，有不可一日而不讲者。惟在人主善法之，不至于忘备，又不至于失体，斯善矣。

译文：

唐太宗在高祖武德年间，天下已经太平，没有战事的情况下，仍然召集

1 按：此条内容最早见于范祖禹《唐鉴》卷二。

2 戎狄：先秦时期对中国北方、西北等地少数民族的统称。春秋时期居民有华夏和东夷、西戎、南蛮、北狄的区分。

宫中的值班守卫、将帅士卒来训话说：“少数民族侵略中原，自古以来就有，不足为患。我们应该担忧的是，边境稍微安宁，做君王的就仗着国家安定，一心贪图享乐，完全忘了战争的事情，不再对他们有所堤防。一旦突厥乘虚而入，我们自己却措手不及，无法抵御，这才是最大的祸患啊。现在，四海安宁，国家太平，我不役使你们修池塘、建宫苑，只让你们专门操弓练箭。平日无事之时，我就操练教导你们，做你们的教师；万一突厥入侵，我就率领你们出征打仗，做你们的将领。这样或许有备无患，让我们中原的百姓也可以稍稍过些安宁的生活。”于是，太宗每天带领数百名守卫将士，在大殿前面教他们射箭，并且亲自考试他们，有射中多的就赏赐他弓箭、刀剑、绢帛等物品，他所在队伍的将帅也都在比试中成绩上等，按照功绩获得好待遇，于是将士们感动激奋，都想着要积极进取，出人头地。没过几年，他们都精通武艺、果敢英勇，成为精锐的士兵，这都是太宗当时教导、鼓励他们的功劳啊。

朝廷大殿不是教习射箭的场所，君主也不当是教习射箭的师傅，当时也有许多人劝谏太宗。只是天下即使安定，一旦忘记战争的威胁，国家就会面临危险。君王对于军备战事，不能一日不讲。只要君主善于学习（唐太宗）好的一面，既不要忘记为战事做准备，又不至于违背礼节、体统，这就好了。

崇師問道

图注：崇师问道[1]

魏王泰师事王珪[2]，见之为先拜，珪亦以师道自居。一日，问珪何以为忠孝，珪曰："陛下，王之君，事思尽忠；陛下，王之父，事思尽孝。忠孝可以立身，可以成名。"王曰："忠孝既闻命矣，愿闻所习。"珪曰："汉东平王称'为善最乐'，愿王志之。"太宗闻之，喜曰："儿可以无过矣。"

焦竑解：

魏王泰，唐太宗子，封魏王，名泰。太宗命泰以师礼事王珪，见珪则先拜，珪亦以师道自居。一日，泰问何以为忠孝，珪说："陛下是王之君，事之当思尽忠；陛下是王之父，事之当思尽孝。这忠孝二字，立身成名皆在于此，不可不勉也。"王说："忠孝既闻命矣，愿闻日用之闲所当习者何事？"珪说："汉事有东平王名苍者，尝说'为善最乐'，愿王志之，则所习者正矣。"太宗闻珪之言，喜曰："儿可以无过矣。"

夫人主，君道也，父道也。太子诸王，子道也，臣道也。臣事君以忠，子事亲以孝。忠者，不徒承颜顺志而已，必此心无一念之欺而后可以言忠；孝者，不徒问安视膳而已，必此心无一念之忘而后可以言孝。忠孝皆人性之所不容已者，为人臣子者，亦全其所不容已者而已。

为善是所为顺天理、合人心，即忠孝之类皆是。盖人性本善，惟习乃有不善，故日用之间所为者善，则此心自是快活；若所为不善，此心终是不快活。何也？为善则顺其性，为不善则逆其性故也。人能顺其性之本善，而勿杂于习之不善，则仰不愧天，俯不怍人，无入而不自得，何乐如之。孟子道性善，言必称尧舜，及言性所以善处，只是说孩提之童无不知爱其亲也，及其少长，无不知敬其兄也。尧舜之道，孝弟而已矣。尧舜，古今大圣人，而其道不出

---

1 按：此条内容最早见于欧阳修《新唐书》卷一一一《王珪传》。

2 王珪（571 ~ 639 年）：字叔玠，隋朝至唐初祁县人，出身于世代官宦之家，与房玄龄、魏徵、杜如晦被称为"唐初四大名相"。

于孩提之真性，学者于此知皆扩而充之，虽为圣人无难，岂止寡过而已哉？

译文：

魏王泰，是唐太宗的儿子，被封为魏王，名字是李泰。太宗让李泰以师礼对待王珪，见到王珪要先行拜礼，而王珪也以老师自居。一天，李泰问王珪什么是忠孝，王珪说："当今皇上是您的君主，侍奉他应当想着要竭尽忠诚；皇上又是您的父亲，侍奉他应当想着符合孝道。一个人立身树名全在忠孝这两个字上，不能不努力啊。"魏王说："我已经知道什么是忠孝了，还想请教您我平常闲暇的时候应该学些什么东西呢？"王珪说："汉代历史上有位叫刘苍的东平王，他曾说'做善事是最令人愉快的事情了'，希望您能够谨记，那么你所学习的东西就会符合正道。"太宗听说了王珪的这些话后，高兴地说："我儿子可以没什么过错了。"

帝王，是一国之君，也是父亲。太子和皇子们，是儿子，也是臣子。臣子对君王要忠诚，儿辈对父辈要孝顺。尽忠，不只是察言观色、见机行事而已，一定是要心中没有丝毫欺瞒的念头，这样之后才能谈忠诚；尽孝，也不只是请安问好、察看饮食起居而已，一定要心中没有丝毫忘记父母的意思，这样之后才能说孝顺。忠、孝都是要求人心中不容己，无私无我，而做人臣子的人，只不过保全自己内心那份"不容己"的意思就行。

行善就是所作所为顺应天理、符合人心，忠孝也都属于这一类。人的本性是善良的，只有所学习的东西才有不善的，因此平常时候所做的行为都是善意的，那么他的心自然就会快乐；如果做的事是不善的，那么心中终究是不快活的。这是为什么呢？行善则顺应了人的本性，而为恶就违背了人的本性，因此人如果能够顺应自身善良的本性，而不混习于那些不好的行径中，就能够不愧于天地，不愧于自己的内心，不论做什么事情都能有所收获，这样该是多么的快乐呀。孟子讲述人性本善的道理时，话题就一直不离尧舜，说到人性本善的具体表现时，他也只是说年幼的孩童没有一个不知道亲爱他的父母的，等孩童稍微长大后，又没有一个不知道敬爱兄长的。尧舜做事情的原则，不过是孝顺父母、友爱兄弟而已。尧与舜，是古往今来受人尊奉的圣明贤人，而他们为人处事的原则只是不偏离孩童真诚本性，学习他们的人若由此也能知道，世间之事的处理原则都是从孩童真诚本性扩充而来，那么即使要成为圣人也没有什么困难的，何止是少犯过错而已呀？

上書減膳

图注：上书减膳[1]

乾封初，孝敬[2]在东驾，稀见宫臣。典膳丞邢文伟[3]，辄减其膳。上启曰："窃见《礼·戴记》曰：'太子既冠成人，免于保傅之严，则有司过之史，亏膳之宰。史之义，不得不书过，不书则死之；宰之义，不得不彻膳，不彻则死之。'上妙简英俊，使佐殿下，成就盛德。近者，谈议不接，谒见尚稀。三朝之后，与内人独居，何由发挥圣智，使睿哲文明者乎？史虽阙官，宰当奉职，忝备所司，不敢逃死。谨守《礼经》，辄申减膳。"于是太子答书，备极嘉叹，文伟以此益知名。其年，右史阙。上曰："文伟以吾儿不读书，不肯与肉，此直臣也。"遂以授之。

焦竑解：

乾封，唐高宗年号。孝敬，太子，名弘。刑文伟为典膳丞，是掌宫闱中膳羞之官。文伟以孝敬接见宫寮稀简，遂减去膳羞不进，因上启曰："太子既加冠，免于保傅[4]之严。年已长矣，然必有史以司过，有过则书之；有宰以司膳，有过则减之。不书过、不减膳，皆不得其职，当以死争也。上选用英才，欲辅佐殿下以成其德，今与宫臣言谈不接，相见稀少。每日三朝天子之后，但与内臣相处，何由发挥圣智之资，使进于濬哲文明之地乎？史以书过，今虽无之，为宰者，当减膳以示警戒，所以谨守《礼经》，辄申减膳。"孝敬原是贤而好学者，一闻其言，深叹美之，作书相答，极其委曲。今载唐书中，是年右史缺人，高宗语近臣曰："文伟以吾儿读书稍怠，不肯与肉，此正直

---

1 按：此条内容最早见于刘昫《旧唐书》卷一九七《儒学》下。

2 孝敬：李弘（652～675年），唐高宗第五子，武则天长子。655年时，被封为代王；656年被立皇太子；675年（唐高宗上元二年）卒，高宗破例追赠李弘为"孝敬皇帝"，从而使李弘成为唐代第一位死后追封为皇帝的太子。

3 邢文伟（生卒年不详）：唐代宰相，滁州全椒人。咸亨年间，以进士迁太子典膳丞。后来唐高宗授他为右史。武后时，多次升迁担任凤阁侍郎，兼任弘文馆学士。载初元年（689年），任内史。后因好友贪赃被治罪而受连累，贬任珍州刺史，上吊而死。

4 保傅：古代辅导天子和诸侯子弟的官员。

之人也。”遂超用为右史。

夫典膳，一小臣耳，乃能抗言举职如此。然而孝敬之受言，高宗之奖直，尤为胜事，一事中三善具焉，皆可法也。

译文：

乾封，是唐高宗的年号。孝敬太子名字叫李弘。邢文伟是典膳丞，掌管太子宫中膳食的官员。文伟因为孝敬很少接见属官，而且即使接见也非常简单地就结束了，于是减去他的膳食中的肉食，而且上奏说："太子殿下已经行过了加冠礼，没有了保傅的严格教导。太子已经成人，就一定会有史官来监督他的言行，一旦有了过错史官就会记录下来；有膳宰来掌管他的膳食，一旦有了过错膳宰就会减少他的食物。如果太子有了过错，史官不记载、膳宰不减少他的饮食，便都没有尽到他们的职责，应当以死来直言规劝。皇上挑选具有才学的人，想让他们辅佐殿下成就美好的品德，现在您和宫中大臣都没有多少言语交谈，见面的次数也很少。每天除了早中晚朝见天子之后，您就只和宫中宦嫔相处，怎么能发挥您潜在的资质，以达到圣明睿智的境界呢？史书是用来记录过失的，现在虽然没有史官，但是作为掌管膳食的官员，应当减膳食以表示警告劝诫，因此我严格遵守《礼经》的记载，请求减少太子您的膳食。”孝敬原本就是个贤良、好学的人，听过他的启奏，深表叹赏赞佩，并且写文书答复，言辞婉转周全。现在唐朝的史书中有记载，当年右史这个职位缺人，唐高宗就对身边亲近的大臣说："文伟因为我儿子读书的时候稍微有些懈怠就不给他肉吃，这是个正直的人。"于是破格提拔他为右史。

典膳丞，只是一个地位卑微的小臣，竟然能够如此的进谏直言、恪尽职责。而孝敬的接受进谏，高宗的嘉奖行为，更是值得称道的事情。一件事情中有三重善意，它们都是可以效法的。

觀圖自警

图注：观图自警[1]

宋璟手写《尚书·无逸》一篇以献，玄宗置之内殿，出入观省，成诵在心。每叹为古人至言，故任贤戒欲，朝夕孜孜。开元以来，《无逸图》坏，始以山水图代之。

焦竑解：

《无逸》，《周书》中周公所作以戒成王者，是论小民稼穑之艰难，忧勤王业之先务的说话，宋璟手写此篇以进，玄宗嘉之，置于内殿，要常览观于目，儆省于心。熟读久之，至于成诵，叹息称美，说是古人极好的言语。此时，励精图治，于贤才则任之，有嗜欲则戒之，朝夕孜孜如恐不及。迨开元以后，《无逸图》朽暗，遂以山水图易之，警戒之意荒，而逸乐之心作，治遂不能保矣。

盖人主能无逸则治，好逸乐则乱。玄宗一身而开元、天宝，之治乱若相反，然在能儆戒与不能儆戒而已。大抵危乱之根本，谗巧之机芽，雍蔽之端倪，奸邪之罅隙，皆自逸而生。人主能无逸矣，而又不继以逸，根于至诚，而守之以不变，举而措之，何行而不至？何为而不立？故知之非艰，行之惟艰；行之非艰，久而不变惟艰。《诗》云："靡不有初，鲜克有终。"愿治者其以玄宗为殷鉴[2]哉。

译文：

《无逸》，收录在《尚书·周书》中，是周公写来劝诫成王的文章，是篇讨论百姓农业耕种的艰辛困苦、王室大业首先要操心勤力的文章。宋璟亲手抄写了这篇文章进献给玄宗，玄宗很欣赏它，并把它放在内殿里，想要让自己时常眼睛看到它，并在心中警戒、反省。熟读时间长了，以至于能够背诵出来，于是经常感叹称赞它，说这是古人的至理名言。这时候，唐玄宗正励

1 按：此条内容最早见于刘昫《旧唐书》卷一二三。

2 殷鉴：原指殷商子孙应以夏的灭亡为借鉴，后泛指可以作为后人鉴戒的往事。

精图治，对于人才则择贤而任，有什么嗜好、欲念就戒除它，早晚勤勉努力还深怕有所不及。等到开元之后，《无逸图》朽烂、晦暗了，于是就用山水图画代替了它。警惕戒备的心思荒废，而安逸享乐的心思兴起，国家安定太平的景象就不能保持下去了。

一国之君能够不贪图安逸，国家就能够安定太平，如果国君喜欢安逸享乐，国家就会动乱。玄宗一个人却制造了开元、天宝时代，从治、乱角度来看，好像是相反的情形，但它们其实只是能儆戒和不能儆戒的结果而已。大抵来说，国家危亡、动乱的根源，谗言巧语的萌芽，言路闭塞、遭受蒙骗的发端，因奸邪狡诈所滋生的缝隙，都是从贪图享乐生发出来的。君主能够做到不贪图享乐，又能够长久坚持下去，以至诚为根本，并坚持至诚不变，按照至诚之念实施行动，这样的话什么样的德行成就不了？什么样的作为不能达成呢？所以知道其中的道理并不难，难的是能够实践它；实践它也不难，难的是长期坚持不变。《诗经》说：“凡事都有个开头，但是很少能够坚持到底。”希望治理国家的人能够以唐玄宗作为借鉴。

煮藥然鬚

图注：煮药燃须[1]

上素友爱，即位时为长枕大被，与兄弟同寝殿中，设五幄与诸王更处其中，谓之“五王帐”。薛王业有疾，上亲为煮药，回飚吹火，误爇上须。左右惊救之，上曰：“但使王饮此药愈，须何足惜？”

焦竑解：

幄是帷幕，回飚是旋风，爇是烧。玄宗平日与众兄弟极相友爱，及即大位也不改变。时制为长枕大被，与众兄弟一处宿歇，又于便殿中安设五个幄次，与兄宋王成器、申王成义、弟岐王范、薛王业、从兄豳王守礼，居处其间，饮食行坐都不相离，就叫做“五王帐”。

一日，薛王业患病，玄宗自己替他煎药，偶被旋风吹起药炉中火，误烧着玄宗的须，左右惊慌扑救，玄宗说：“但愿薛王服了这药病得痊可，我须虽焚何足爱惜？”其友爱恳切如此。

夫兄弟至亲，本同一气，然常情多以其势分之，逼生猜忌之心。故亲之欲其贵，爱之欲其富，一忧一喜，莫不与共，惟舜能之。玄宗之友爱，亦近世所难得矣。考之唐史，叙长枕大被，继以睿宗闻知喜甚，则玄宗不独全兄弟之爱，亦以顺父母之心也。彼以兄弟相残、贻忧父母而祸延国家，如晋隋之世者，独何心哉？

译文：

幄是帷幕，回飚是回旋的风，爇是烧的意思。玄宗平日里就和众兄弟非常友爱，他登基后这种情感也没有改变。当时玄宗特制了长枕头和宽大的被子，和众兄弟们在一起住宿歇息，又在便殿里设置了五个帷幕，和兄长宋王李成器、申王李成义、弟弟岐王李范、薛王李业、堂兄豳王

1 按：此条内容最早见于范祖禹《唐鉴》卷八。

李守礼住在其中，饮食起居都不分开，把那五个帷幕命名为“五王帐”。

一天，薛王李业生病了，玄宗亲自替他煎药，偶然间被旋风吹起了药炉中的火焰，误烧了玄宗的胡须，左右侍从惊慌扑救，玄宗说：“只要薛王服了这服药后，病能痊愈，我的胡须即使是被烧了又有什么可惜的呢？”玄宗的兄弟情感竟如此友爱恳切！

兄弟是至亲，本来是同一声气的，但世俗常理往往根据他们的势力来加以区分，硬逼生出兄弟间的猜疑、忌妒之心。所以，与他关系亲，就希望使他显贵，对他有爱护心，就希望使他富有，或忧或喜，没有不是与兄弟共享，这也就只有舜能做到了，玄宗对兄弟的友爱之情，也算是近代以来很难得的了。据唐代有关史书，在记载玄宗制长枕头、大被褥的事情之后，又接着叙述说，睿宗听说玄宗长枕大被事情后，非常高兴，这样看来，玄宗的做法不仅保全了兄弟间的友爱之情，也顺从了父母的心意。那些因兄弟间相残而致使父母担忧，甚至祸及国家，就像晋、隋两朝情形一样的人们，他们安的是什么心思啊？

克己任賢

图注：克己任贤[1]

韩休[2]为人峭直，不干荣利。上或宫中宴乐，及后苑游猎，小有过差，辄谓左右："韩休知否？"言终谏疏已至。上尝临镜，默然不乐，左右曰："韩休为相，陛下殊瘦于旧，何不逐之？"上叹曰："吾貌虽瘦，天下必肥。萧嵩[3]奏事常顺指，既退，吾寝不安；韩休常力争，既退，吾寝乃安。吾用韩休为社稷耳，非为身也。"

焦竑解：

韩休是唐玄宗时宰相，为人峭直，未尝阿意以求荣利，人都敬重他。玄宗有时宫中宴乐及后苑游猎，或举动稍有过差，辄问左右说："韩休曾知道否？"恰才说了，他的谏疏已到御前，其忠直为人主所敬惮如此。玄宗一日临镜，照见貌瘦，默然不乐，左右便逢迎说："自韩休为相，凡事违拂上意，以致陛下消瘦如此，何不逐去他以自快乐？"玄宗说："韩休乃贤相，每事规正我，我得他为辅，百姓都荫受其福。我貌虽瘦，天下必肥，岂可爱一身而忘天下？他与萧嵩共事，嵩每奏事常顺我的意旨，委曲承奉，我心非不喜，及退而思省，这等行去甚有害于百姓，自觉终夜睡不安。韩休每奏事，有不可，却极力谏诤，不肯顺从，我心虽不喜，及退而思省，这等行去甚有益于百姓，自觉终夜睡得安。可见韩休是社稷之臣。我用韩休以为社稷，非为一身也。"玄宗之言亦能知所重矣。

大抵人主操用人之柄，谄谀巧佞，伺便而投机，毁誉爱憎，窥隙而杂进，自非以正自持，鲜有不为所惑者。玄宗能克己以用韩休，遂成开元之治；后纵欲而用李林甫，即致天宝之乱。一人之身而敬肆不同，治乱相反，人心之难保如此，可不畏哉？可不戒哉？

---

1 按：此条内容出自宋代司马光《资治通鉴·唐纪二十九》。

2 韩休（673 ~ 739 年）：字良士，京兆长安（今陕西西安）人，唐朝大臣。

3 萧嵩（668 ~ 749 年）：著名唐朝丞相、军事家。

译文：

韩休是唐玄宗时期的宰相，他为人正直，从来没有为了谋求荣华、私利而曲意奉承别人，因此众人也都非常敬重他。有时候玄宗在宫中宴飨作乐、到后苑园林游赏畋猎，或者只要言行举止中稍微有些过失，就马上问身边的侍从："韩休知道这件事情了吗？"玄宗刚刚把话说完，韩休劝谏的奏疏就已经呈送到了跟前，韩休的忠诚耿直竟让君王敬畏到这样的地步。一天，玄宗照镜子，看到自己形貌消瘦，就沉默不乐，他的侍从便迎合他的心思说道："自从韩休作宰相后，凡事都违拗您的意思，这才让您这么消瘦，您为何不驱逐了他让自己快乐些呢？"玄宗说："韩休是位好宰相，每件事情他都会规劝、纠正我，我能够得到他的辅佐，百姓也会享受到他带来的福气。我的容貌虽然消瘦了，但是国家一定富裕了，我怎么可以只顾念自己而忘记了天下呢？他和萧嵩一起处理朝政事务，萧嵩每次奏报事情都顺从我的意思，想方设法地奉承我，我心里不是不高兴，但是等退朝后我自己琢磨、反思，就想这样做下去对百姓是非常有害的，就觉得整个晚上都睡不安稳。韩休每次奏报事情，有不行的地方，他就极力直言谏陈、规劝，不肯顺从我，我心里虽然不高兴，但是等退朝后我进行反思，就想这样做下去对百姓是非常有益的，于是就觉得整晚睡得非常安稳。可见，韩休是国家的栋梁之臣，可以肩负国家重任，我任用韩休是为了国家着想，不是为了我一个人着想啊。"从玄宗的话中也可以看出他所看重的东西了。

君王掌握着任用官员的权力，那些阿谀奉承、巧言令色总是趁便投机而来，那些诋毁美誉、爱恨情绪总是逮着缝隙就杂进纷至，如果不是用持正之心自我警惕，很少有不被他们所蛊惑的。玄宗能够克制自己来任用韩休，于是成就了开元盛世的局面；后来他放纵个人欲望，任用李林甫，就导致了天宝之乱。同是一个人，但敬重和放肆的对象不同，就导致了国家太平与动乱相反的景象，人的心思是这么难以持恒，怎么可以不敬畏、不引以为戒呢？

奬勸循良

图注：奖劝循良[1]

玄宗深于治道，常自择刺史[2]，赐诗以行。一日至宋州，宴从臣于楼上，刺史寇泚与焉。上谓张说[3]曰："向屡遣使臣分巡诸道[4]察吏善恶，今历诸州，乃知使臣负我多矣。"又言王丘、崔沔、裴耀卿良吏，皆迁其官，以寇泚不借誉于左右，举酒赐之。

焦竑解：

刺史是一州父母，如今之知府一般。张说是玄宗之相。使臣分巡诸道，即今之巡按御史。玄宗知郡守、县令关系民生最切，而县令又统于刺史，恐其非人害治，尝自择之。及得其人，亲作诗以宠其行，欲其为我爱养百姓，故优礼之也。

一日到宋州，于楼上宴侍从诸臣，以刺史寇泚为好官也，令他与宴。因说："我累遣使臣分行天下，欲察守令之善恶，以备黜陟。今亲过诸州，乃知使臣复奏多非其实。悦己者，虽殃民以为贤，忤己者，虽爱民以为不肖，颠倒黑白，贻害万民，真有负于朝廷委任之意者也。"此时亲见王丘、崔沔、裴耀卿为循良之吏，皆升其官以旌异之。又以寇泚实心爱民，不结纳左右以求名誉，自举酒以赐之。玄宗鼓舞激劝诸守令如此，非深知治道者能之乎？

看来巡察与刺史、县令这样官最重。巡察选用得其人，则一省之官难于行私；刺史、县令选用得其人，则一郡之民易于受福，天下如何不太平？后因崇重京官，把府、县看得太轻，以此牵制于上官，不得展布。又京官不称职方调补外任。夫州县比京官更难，彼不称京职，如何能治其民？至边方远僻处，更当得人，却只以庸才杂流充之而已。设官分职本以为民，而于亲民

---

1 按：此条内容见于王应麟《玉海》卷一三一。

2 刺史，古代官名。

3 张说（667 ~ 730 年）：字道济，一字说之。唐代文学家、诗人、政治家。

4 道：中国历史上的地方行政或监察区划，始设于西汉。唐初分天下为十道，仅为州县之上的一种监察区。

之官自轻忽之如此，彼安肯尽心，安肯自重？故迁延岁月以苟升斗之禄，或恣肆贪渔以充谿壑之欲，而巡察者又不能秉公举劾，激厉其心，民几何而不被其害哉？故加意守令为治道之要，而加意觉察使者又澄清守令之要，不可不知也。

译文：

刺史，是一个州的父母官，就和现在的知府一样。张说是唐玄宗时期的宰相。巡视各个州县的使臣，就是现在的巡按御史。唐玄宗知道地方上的郡守、县令与民生关系最为密切，而县令又受刺史的管辖，他担心任用的刺史不好就会危害地方的安定，于是亲自选择贤能的官员担任刺史。玄宗挑到合适的人选后，就亲自作诗送他上任以表示恩宠，希望他能够为自己爱护、教养百姓，因此这样优待、礼遇他。

一天，唐玄宗到了宋州，在楼台上设宴款待随侍的大臣，因为宋州刺史寇泚是个好官，于是也让他参与了宴会。玄宗说：“我多次派遣使臣分别到全国各个地方，想要他们考察各地郡、县令等地方官员的好坏，为我贬谪、升迁官员做准备。今天我亲自经过了许多州，才知道使臣回京后的上奏有很多不符合实情的地方。（使臣）对于那些取悦自己的官员，即使他祸害百姓也会奏报说他贤能；对于那些忤逆自己的官员，即使他爱护百姓也会奏报说他不贤良。颠倒事情的是非黑白，给百姓造成了巨大的祸害，真是辜负了朝廷任他为巡查使臣的本意。”这时玄宗亲眼看到王丘、崔沔、裴耀卿都是执法守法的贤能官员，就升了他们的官职作为表彰，又因为寇泚真心实意爱护百姓，不结交、奉承近臣来谋求名声、荣誉，于是玄宗亲自端起酒杯来赏赐他。玄宗鼓舞、激励各地方守备、县令到这样的地步，不是深谙治国之道的人能做得到吗！

看来巡察和刺史、县令这类官员是最重要的。巡察官任用得人，那么一个省的官员都很难徇私枉法，刺史、县令任用得人，那么一个郡县的百姓都会很容易享受福音，天下怎么不因此而太平呢？后来（朝廷）因为过分推崇重视京城的官员，把地方州府、县衙的官员看得太轻，因此地方官员都受到上级官员的牵制，不能施展才干。又因为京官只有不称职的才被调到地方任职，而州县的官员比京官更难做，他都不能胜任京官的职责，又怎么能够治理好地方百姓呢？至于边僻、鄙远的地方，更应当选用合适的官员，结果却只是让那些才能平庸、来路不正之人充任罢了。设立官位、分配职责，本来是为了造福百姓，但是对于那些与百姓关系紧密的官位竟如此忽略轻视，那些官员又怎么肯尽心为百姓做事？怎么会洁身自爱？因此他们只是虚耗光阴来暂时谋些微薄的俸禄，或者靠肆意鱼肉百姓来满足一己之私，而巡察的官员又不能用公正公平的态度弹劾他们以整肃他们的思想，这样的话百姓又怎么会不被他们祸害呢？因此多关注地方县令、守备（的选拔）是治好国家的要领，而多关注巡察使者（的选拔）又是使地方官吏清正廉洁的关键，执政者不可以不知道啊。

樂受格言

图注：乐受格言[1]

征处士王昭素[2]为国子博士。昭素有学行，艺祖[3]召见便殿，时年七十余矣。问以治世养身之术，对曰："治世莫若爱民，养身莫若寡欲。"太祖爱其言，书于屏几。

焦竑解：

处士是隐居有道之士。宋艺祖开宝春征聘河南处士王昭素为国子监博士。昭素为人素有学行，著《易论》三十三篇，一时学者多师尊之。艺祖闻其名，召见便殿，此时昭素年已七十余岁矣。艺祖问他治天下与养身的道理，昭素对说："治世莫若爱民，养身莫如寡欲。"盖民为邦本，治天下者必轻徭薄赋、布德施惠，使百姓每安乐，则本固邦宁而太平可保，故治世莫如爱民也；欲为身害，养身者必爱养精神，凡一切伤生伐性之事绝而不为，则身体强健而受命延长，故养生莫如寡欲也。艺祖爱他言简而理切，因写在屏风与几案上，时时观览以自警省。

然寡欲、爱民固皆切要之言，而寡欲一言又爱民之本。盖自古百姓不安，皆因人主多欲。或好兴土木，或恣情声色，或广求珍玩，或妄微边功，或驰骋游幸，此等欲心一动则奸谀之徒必巧为进奉，闾阎之下必重困诛求，终致海内骚然、百姓怨叛，虽君身且有不可保者。以此知寡欲乃可以爱民，而爱百姓者实所以自爱也。

1 按：此条内容见于宋代彭百川《太平治迹统类》卷二六。

2 按：王昭素，河南开封酸枣人，精通易学，有学行，事迹见于脱脱《宋史·儒林一》。

3 艺祖：此处指宋太祖赵匡胤。"艺祖"的称呼源自《尚书·舜典》："归，格于艺祖，用特。"孔颖达疏："才艺文德，其义相通，故艺为文也。"后用以为开国帝王的通称。清代顾炎武《日知录·艺祖》："人知宋人称太祖为艺祖，不知前代亦皆称其太祖为艺祖……然则〔艺祖〕是历代太祖之通称也。"

译文：

处士是指隐居的、有德行的学士。宋太祖开宝元年（968 年）春天，征召聘请了河南的处士王昭素做国子监博士。昭素向来有学者风范，曾著《易论》共 33 篇，当时的学者大多尊他为老师。太祖听闻了他的名声，就在便殿内召见了他，这时昭素已经 70 多岁了。太祖询问他关于治理天下和修身养性的方法，昭素回答说："治理天下莫过于爱护百姓，修身养性莫过于清心寡欲。"百姓是国家的根本，治理天下一定要减轻徭役赋税，广布恩德，施惠于民，让百姓们安居乐业，那么国家之根本牢固了，国家也就能安宁、太平，所以说治理国家莫过于爱护百姓；欲望是身体的祸害，修养身心的人一定要养护精神，一切伤害生命、危害身心的事情都要断绝不做，这样就可以身体强壮健康，寿命延长，因此说修身养性莫过于清心寡欲。宋太祖喜欢王昭素的话简洁而道理切实，于是将这句话写在屏风和几案上，方便时刻看到以警醒自己。

虽然寡欲、爱民本来都已经是很贴切、简要的话了，而"寡欲"一说又实际是"爱民"的根本。自古以来，百姓生活不安定，都是因为君主私欲过多。（君王）要么喜欢大兴土木，要么纵情美色，要么四处搜求珍奇古玩，要么妄图大拓边功，要么喜欢四处游幸，这些欲望一旦兴起，那些奸邪阿谀的人就一定会想尽办法奉承、进贡，而民间百姓必然多方面地承受这些强求索取，最终导致国家骚动、百姓怨愤离心，以至于君主连自身都无以自保。由此可见，君王清心寡欲才能真正做到爱护百姓，而爱护百姓实际上就是君王自爱己身啊。

散遣宫人

图注：散遣宫人[1]

开宝五年春，大雨河决，帝谓宰相曰："霖雨不止，朕日夜焦劳，恐掖庭[2]幽闭者众。昨令遍籍后宫，凡三百八十余人。因谕愿归其家者具以情告，得百名，悉厚赐遣之。"普[3]等皆称万岁。

焦竑解：

开宝是宋太祖年号。五年春，大雨河决，帝既信宿焚香，上祷于天，又与宰相说："霖雨不止，朕日夜焦心劳思，恐掖庭之中幽闭者众。昨令人籍记后宫凡三百八十余人，因谕告他愿归家者具以实情来告，共得百名，俱厚赐遣之。"普等闻之皆称万岁。

宋祖祈天愿，以己身为民请命而放遣宫人一节尤为盛德。盖古者，后宫虽不乏人，然不过令足供侍御而已。后世，乃博选良家，广求美丽，掖庭永巷[4]动以千数，有频年望幸而不得见者。夫男室女家，天地大义，乃令内有怨女，外有旷夫，阴阳否隔，上干和气[5]，灾异之感，此为尤甚。昔唐太宗放宫女三千人，后世以为美谈。宋祖后宫仅三百有余，已为稀少，乃复放遣百人，非仁心为质者，孰能如此哉？史称其以忠厚立国，又称其家法远过汉唐，不虚也！

译文：

开宝，是宋太祖赵匡胤的年号。开宝五年（971 年）春季，天下大雨导致河道决口，于是太祖连着两个晚上焚香礼拜，向上天祷告，又对宰相说："大雨连绵不止，我日夜焦心劳烦，恐怕是因为后宫中闲置的妃嫔、宫女太多了。

1　按：此条内容出自宋代彭百川《太平治迹统类》卷二。

2　掖庭：宫中旁舍，妃嫔居住的地方。

3　按：普指赵普（922 ~ 992 年），字则平，北宋初年宰相。

4　永巷：汉宫中的长巷，是幽禁妃嫔、宫女的地方。

5　和气：古人认为天地间阴气与阳气交合而成之气为"和气"。万物由此"和气"而生。

昨天我命人登记后宫人数，共有三百八十多人，于是就下令让那些自愿归家的妃嫔、宫女把实际情况呈报上来，最终落实有一百人，全都给予优厚赏赐后遣送她们回家了。”赵普等人听了之后都高呼万岁。

宋太祖向上天祈愿，亲自上阵为民请命，放还宫女这件事最能体现出他的懿行美德。古时候，君王的后宫虽然也有宫女，但只不过是足够服侍君主就行。后来君主广泛挑选良家淑女、广求貌美女子，于是后宫动辄上千人，其中有人多年期盼君王临幸而不得。男婚女嫁，本是天经地义之事，竟然让宫中有幽怨未嫁的女子，而宫外有没有娶妻的男子，阴阳睽违相隔，破坏天地间的和气，所有灾祸、异象征兆中，这一项尤为严重。以前唐太宗放出宫女三千，后世把它传为美谈。宋太祖后宫中只有三百多人，已经非常少了，仍然放还遣散了一百人，如果不是心存仁爱，谁能够做到这样呢？史书称宋太祖以忠诚仁厚来治理国家，又说他的后宫、皇室法令远比汉、唐时期严正，所言非虚呀！

遵守舊章

图注：遵守旧章[1]

赵普为相，于厅事坐屏后置二大瓮，凡有人投利害文字，皆置中，满即焚于通衢。

焦竑解：

赵普是宋朝开国的贤相。他为相时，于厅之屏后置二大瓮，凡臣民有条陈兴利除害的章疏，一切不看，却投入瓮内，待满了即于往来通衢焚之，欲众人见了不复以无益之言进也。后来李沆[2]为相，亦守此意，他说："吾居重位实无补，惟中外所陈利害一切报罢，持此少以报国耳。朝廷防制，纤悉备具，或徇所陈请行一事，即所伤多矣。"此千古名言也！

盖祖宗创业，人情物理、险阻艰难无不备知，故其讲求经画至精、至当，岂可复加？为君相者，只当讲明成法，守而勿失，便可常保太平。若轻听人言，纷纷更改，则变动旧章，百弊从起，利未及见而害已先之，竟何益哉？近日，祖制渐湮，修明振举全无其人，只是无益之言连篇累牍。朝进一说而暮即更之，暮进一说而朝又更之，言者不必可行，行者不必有实，吏民奔走纷纭，无时休息，致使诏旨不信，人生玩忽，其为治道之害岂小小哉？

太祖高皇帝定令，凡变乱祖宗成法者，罪在不赦。今当申明此罚，务守宪典，不妄纷更，岂惟得二贤相之意，而清净宁一之风亦可复睹矣。

译文：

赵普是宋朝开国时期的贤能宰相。他做宰相的时候，在大厅的屏风后面放置了两个大瓮，凡是有大臣、百姓上呈兴利除弊的奏章文书，他一概不看，全都放到瓮里，等到瓮满了之后，就在通衢大道上把这些文书信件当众烧掉，

1　按：此条内容最早见于宋代邵伯温《闻见录》卷六。

2　李沆（947 ~ 1004 年）：字太初，洺州肥乡（今属河北）人，太宗太平兴国五年（980 年）举进士甲科。他曾受到太宗重视，是宋真宗时期最早的宰相之一。

就想要让众人看到之后不再进呈没有益处的言论。后来李沆担任了宰相，也坚持赵普的这个意思，他说："我身居要职，实在对国家也没有多大补益，只有把朝廷内外一切论说利弊的奏章文书销毁，希望能够以此稍微地回报国家。国家的各项规章防范措施，都非常详细完备。有时即使是遵照那些条陈请求做一件事，它所伤害的地方也很多。"这真是千古名言啊！

先祖创立家国大业，对于世间的人情事理、艰难险阻没有不知道的，因此他们所规划筹建的制度章程也是最细致、最恰当的，哪里还能再增加呢？作为君王的辅佐者，只应当申明现有法令，坚守成法不让它失效，就可以保证国家的长治久安了。如果轻信他人的言论，纷纷更改，修改已有的规章制度，就会生出许多弊端，益处还没有见到而害处就已经率先出来了，到底有什么好处呢？近来，祖宗的法制逐渐失效，进行整顿、重新将祖宗成法发扬光大的人一个也没有，全都是些没有益处的话，连篇累牍。早晨进一种言论到傍晚又改一种说法，傍晚进一种言论而第二天早上又换种说法，说过的建议不一定能够施行，施行的也不一定要有实效，各级官吏、百姓都疲于执行各种命令，没有片刻停歇，以至于上面下达的诏令、旨意失去威信，大家都对它不重视，这对于治理国家的害处何止是一点点呀？

太祖高皇帝曾制定法规说，凡是变更、淆乱祖宗成法的，绝不饶恕宽待。现在应当郑重申明这条惩罚，一定要坚守已有的法令典章，不可以妄自更改，这样做，岂止是能得到赵普、李沆二位贤相的执政真谛，清净、安宁的世风也可以再次看到了。

論字知非

图注：论字知非[1]

仁宗在东朝[2]，时张士逊为谕德[3]。一日中书见王旦，盛称太子学书有法，旦曰："谕德之职止于是耶？太子不待应选举，岂必工书？"于是士逊日规以善道。

焦竑解：

仁宗在东朝，当时有张士逊者为谕德之官，一日到中书省见宰相王旦，极称太子学书有法度。旦谓之曰："汝官为谕德，须以德义谕教之，方为称职。若但以学字为美，岂汝当为？职业止于此耶？况太子非如士人应举，亦何必工书法也？"士逊闻旦言，乃悚然知其失职，于是日以古之善道进规于上。其后仁宗德业大成，卒为宋之令主，固士逊辅养之功，亦王旦提醒之力也。

大抵人主之情，莫不有好，其好声色货利，足以戕生伐性，贻害生民，不必言矣。至于读书作字，已是美事，然梁朝萧绎读书万卷，昼夜为常，略无休已；宋文帝字法之美自谓不减子敬，胜于羊欣，皆无益于生民，无补于治道，由其不能以古道修身治国，而徒役于伎艺之末，又何益哉？王旦之言，可谓识大体者，务学者闻之必知所重焉，可也。

译文：

仁宗做太子的时候，当时有个名叫张士逊的人担任他的谕德官。一天，张士逊到中书省拜见宰相王旦，极力称赞太子学习书法有法度。王旦对他说："你官为谕德，应该用道德大义教导太子，这样才算是称职。如果只把学习书法当做是好事，难道你该做的吗？你的职责就只是这样吗？更何况，太子

1 按：此条内容最早见于欧阳修《太尉文正王公神道碑铭并序》。

2 东朝：太子居住的宫殿，称为东宫，也称东朝，借指太子。

3 谕德：官名，唐高宗龙朔二年（662年）开始设置太子左右谕德各一人，秩正四品下，掌对皇太子教谕道德，随事讽谏。至清乾隆时期废。

并不是要应举的士子，又何必要擅长书法呢？”士逊听了王旦的话才惶恐地意识到自己失职了，于是每天用古人处事从善的道理来进言、规劝太子。后来仁宗道德学业大有成绩，最终成为宋朝的贤明君主，这固然是张士逊辅助、教导的功劳，但也有王旦提点、警醒的作用。

大体来说，君王没有谁不是有自己的喜好，而歌舞美色、钱财私利这些东西足以损伤君王自身的身心性命，给百姓造成祸害，这就不必说了。至于读书写字，已经算是好事了，然而南朝时期梁国的萧绎饱读诗书，经常日夜不分读书，几乎没有休息的时候；宋文帝书法技艺的精湛，他自认为不逊色于王献之，胜过了羊欣，但他们的这些能耐对百姓没有益处，对治理国家也没有帮助。这是因为他们不能遵循古人的道理来修身养性、治理国家，只是将心思用在一些微小的技艺上，又有什么益处呢？王旦的话，可以说是识大体、知大局的了，务学上进的人听后一定会知道自己所该重视的东西，这就可以了。

常讀論語

图注：常读论语[1]

李沆常读《论语》，或问之，沆曰：“沆为宰相，如《论语》中‘节用而爱人，使民以时’，尚未能行。圣人之言，终身诵之可也。”

焦竑解：

李沆是宋时贤相，他暇时常读《论语》。或问：“《论语》乃浅近之书，看他何故？”李沆对说：“我居宰相之职，当使朝廷政事件件修举，天下百姓人人得所，而后为称职。且如《论语》中有两句说道：‘节用而爱人，使民以时’[2]，今朝廷之上，冗费尚多，财用缺乏，是我不能节用也；闾阎之间，差赋繁重，百姓愁苦，是我不能爱人也；一切不时工作妨害民事者，往往有之，是我不能使民以时也。只这两句书我尚不能行，何况其他？可见圣人之言，看着容易做着实难，终身诵法之可也。岂可忽哉？”

沆言如此，真可谓能读书者矣。史称其内行修谨，少有过失，为相守祖宗法度、识国家大体，皆自善学中来也。前此，赵普尝手不释卷，每归私第，阖户启箧，取书读之竟日，次日临政处决如流。既薨，家人发箧视之，则《论语》二十篇也。

古人读一句书便行一句，其得力乃尔。后世乃有终日读书不知一言之可用，则与不读何异？此所谓侮圣人之言者耳，何足道哉？

译文：

李沆是宋朝时期的贤能宰相，他在空闲的时候经常阅读《论语》。有人问他：“《论语》是浅显易懂的书，为什么常常读它？”李沆回答说：“我作为宰相的职责，就是要让国家政事得到及时、恰当的处理，百姓都能安居乐业，这样我才能算是称职。就比如《论语》中有这样两句话：‘节省财政开支而

1　按：此条内容最早见于邵伯温《闻见录》卷七。

2　按：此句出自《论语·学而》：“道千乘之国，敬事而信，节用而爱人，使民以时。”

爱护百姓，役使百姓要时机恰当，不耽误农时。’现在朝廷中，冗杂的费用开支还是很多，财政资金、物品都还有缺乏，这是我没有做到节省财政开支；在民间，差役、赋税繁杂沉重，百姓的生活忧愁困苦，这是我没有做到爱护百姓；临时出现且往往妨害百姓生产的工作也时常有，这是我没有做到按照时节役使百姓。仅是《论语》中的这两句话我尚且都没有做到，何况是其他的呢？由此可见，圣人的话，看起来很容易做到，但是真正做的时候确实是很难的，即使是终身诵读、效法也是应该的。怎么可以忽视呢？”

李沆能说出这样的话，真可以说是善于读书的人啊。史书上称他处事谨慎，很少有过失，做宰相的时候谨守祖宗的法度，能顾全国家大局，这都源自于他善于学习啊。在李沆之前的宰相赵普曾经手不释卷，每次回到自己的府邸，就关起门来，打开书箱，取出书来读一整天，第二天到官衙处理政务就会如同流水一般顺畅。赵普去世后，家人打开他的书箱，发现里面装的是《论语》二十篇。古人每读一句《论语》，就践行一句，他们从《论语》中所获得的好处才能这样。后世有整天读《论语》却不知道其中每句话都有实践意义的人，他们这样和不读《论语》又有什么区别呢？这就是所谓的侮辱圣人言语者，哪里值得一提呢？

焚香告天

图注：焚香告天[1]

赵抃[2]，字阅道，宋至和中为侍御史，弹劾不避贵戚，京师号为“铁面御史”。任成都，以一琴一鹤自随。平生日所为事，夜必衣冠露香拜告于天，若不可告者，不敢为也。元丰初，退居于衢，有溪石、松竹之胜，作诗曰：“轩外长溪溪外山，卷帘空旷水云间。高斋有问如何答，清夜安眠白昼间。”

焦竑解：

赵抃，宋贤相，至和年间先为御史，弹劾不避权贵，当时号他做“铁面御史”，言其不可犯也。及任成都，日随身止有一琴一鹤，并无他物，其清高如此。他一生白日所做的事，每夜必整衣冠、露香上告于天，言我今日行某事行某事，若不可告天者，必不敢为。盖上天神明，若非心安理顺，如何对得他过？古人说：“凡不可与父兄师友言者，不可行也；不可与父兄师友行者，不可言也。”阅道于不可告天者，即不敢为，其检身更加严切矣。归田赋诗，“清夜安眠白昼间”，盖庶几心逸日休之妙者。公晚年退居高斋，潜心性命之学，深有悟入，自称“高斋居士”云。

译文：

赵抃，宋朝时期的贤能宰相，宋仁宗至和年间，他先担任了御史一职，直言敢谏，弹劾之际从不避讳权贵，当时的人称他是“铁面御史”，意思是说他不可以冒犯。等到他到成都上任的时候，随身携带的只有一张琴和一只鹤，再没有其他的物品，他清高到了这种地步。他一生中白天做的事情，每天晚上都一定整理好衣冠、在空地上焚香向上天禀告，说我今天做了某件事，如果是不可以禀告上天的事情，就一定不敢去做。这是因为上天神明，所言

1 按：此条内容见于明代高濂《遵生八笺》卷一九。

2 赵抃（1008～1084年）：字阅道，宋衢州西安（今浙江衢州市）人。景祐元年（1034年）进士，任殿中侍御史，弹劾不避权势，时称“铁面御史”。

所行如果不是心安理顺，怎么能跟上天忽悠过去呢？古人说：“凡是不能跟父兄师友说的事情，都不可以做；不可以跟父兄师友一起做的事情，都不可以说。”赵抃对那些不能禀告上天的事情，就不敢去做，他对于自身的反省比古人更加严格切己。他归田后致力于吟诗作文，所谓“清夜安眠白昼间”，赵抃大概也算得上是个内心闲适，颇能享受恬淡生活的人了。赵抃晚年退隐深居，全心研究性命之学，颇有感触，自称是“高斋居士”。

借事納忠

图注：借事纳忠[1]

王曾于天圣初铨录古先圣贤事迹凡六十事，绘图以献，上嘉纳之，诏褒美，仍敕镂板摹，赐近侍，因命禁署日绘二十轴以进。

焦竑解：

曾，字孝先，青州人，宋初廷对第一，史称曾端厚寡言、正色独立，朝廷倚以为重。天圣初年，谓上宜近师儒，即召孙奭、冯元劝讲崇政殿，因择取古圣贤事迹可为法诫者六十条，绘为画图以献。仁宗嘉纳，既降诏褒美，复刻板颁赐近臣，每日令禁中进二十事以备览。盖深鉴曾之忠言有益于身心，有资于治理，故拳拳如此。

大抵古之为学，有录有图，索象于图[2]，得前代成败之形而观者鉴焉；索理于录，得前代成败之实而读者兴焉。拱揖令王即为吾师范，顾瞻遗训即为吾箴规，周览翱翔，一息千载，其视无所用心，与用心无益者，万万不侔也。

观曾酌古准时、摛词命笔，惟恐言语之不能感通、世道之不如尧舜，一段苦心，尤有楮墨不能穷，丹青不能肖者。呜呼！志士怀忠，古今一揆。伏冀睿哲少留意焉，而无弁髦[3]其言，不任幸甚。

译文：

王曾，字孝先，是青州人，宋朝初期廷试第一名，史书称王曾为人端正仁厚、寡言少语、严肃庄重、与众不同，朝廷非常倚重他。天圣初年，他对宋仁宗说皇上应该亲近儒士，于是仁宗召来孙奭、冯元在崇政殿讲学。于是

1　按：此条内容最早见于朱熹《言行录》卷五。此条放在最后，正是对《养正图解》意义加以暗示，所以在解析词的最后说“志士怀忠，古今一揆。伏冀睿哲少留意焉，而无弁髦其言，不任幸甚”。

2　按：郑樵《通志·图谱略·索象篇》：“古之学者为学有要：置图于左，置书于右，索象于图，索理于书。”

3　弁髦：弁，黑色布帽；髦，童子眉际垂发。古代男子行冠礼，先加缁布冠，次加皮弁，后加爵弁，三加后，即弃缁布冠不用，并剃去垂髦，理发为髻。因以“弁髦”喻弃置无用之物。引申为鄙视。

王曾挑选了六十条具有劝诫意义的古代圣贤人物的故事，绘成图画进献给宋仁宗。仁宗很高兴地接受了它，并且立即下旨颂扬赞美，又令人刻板印刷以赏赐给身边的大臣。仁宗每天让身边近侍进献二十轴以便于阅览。因为仁宗深切地明白王曾的忠言，对修养身心有益，对治理天下有帮助，所以才这么的诚恳。

大概古人学习，都既有文字记录又有图画说明，从图画中看到形象，知道前代成败的具体情形，而观看的人可以以它为借鉴；从文字著录中求得道理，前代成败的实际过程，阅读的人内心有所感触。尊重古代的贤能君王，将他作为学习的典范，回首瞻仰先贤遗留下的教训，将它作为自己的箴言、规范。古史圣言，全部通览；徜徉其中，瞬间思接千载，这和那些无所用心以及虽用心却了无进益的人是完全不能等量齐观的。

看到王曾精心择取古事以对照当下时情，遣词用语惟恐自己的言辞不能感化读者，感叹社会风气不像尧、舜时期，等等，他的一番良苦用心，还真是笔墨写不尽，丹青画不出。哎！志士心怀忠诚，古往今来都是一样的，真诚地希望圣明的君主能够稍微给予留意，不鄙视书中（此处应指《养正图解》）的言论，那我就万感荣幸了。

御题养正图诗

（清）爱新觉罗·弘历

寝门视膳

寝门日三朝，问安承色笑。失常心诚忧，膳彻询所乐。允哉风人颂，为子止于孝。

膳斥鲍鱼

教子乃称慈，莫要于择师。公望彻膊关，云非礼所宜。助教屏邪蒿，依然直道遗。

振贷贫民

富民信善言，发仓不宿善。如伤本夙衷，岂待沟壑转！高山切景仰，亹亹中心勉。

丹书受戒

颛顼道匪遥，端冕丹书勘。敬义及怠欲，所争胜一念。讵惟诫宁王，万古垂君鉴。

临朝四辅

道充与弼丞，环立咸惟圣。得一已为艰，求四其奚称。能不听朝乎，蒿目惕以敬。

桐叶封虞

桐圭命择日，史佚箴戏言。尽美未尽善，宗元有说论。所嘉在从谏，其事可两存。

自结履系

系解因自结，于士信爱敬。岂无仆隶人，足以供使令。宣尼亦有言，文谲而不正。

亟用贤人

炳火爵卫客，举之牛口下。固宜群臣争，孰非入朝者？不以小亡大，卓论千秋寡。

戒君节饮

饮君致君乐，笾豆能无乱。卜昼未卜夜，不过能救半。传称兼仁义，阿好乃过赞。

善言格天

移相及民岁，孤立将焉托？载拜贺善言，天高听早诺。三舍廿一岁，或亦失穿凿。

夫妇如宾

躬耕妻馌饷，相敬如大宾。臼季因识缺，荐贤掌下军。燕好慎动静，鼎来还诫君。

托相献规

善相善观友，吉惟自取耳。荆君悟其言，虚怀收俊士。魋颜笑蔡泽，唐举真小矣。

廷理执法

茅门拟应皋，入者必下车。廷理虽执法，御者诚何辜？蹂霤至戮人，荆刑亦甚乎。

仁言动众

巡军慰劳寒，士如挟纩暖。行师固尚义，济仁用众本。舍鞭语子革，相去岂不远？

因乐求贤

临观非德义，其乐未为广。劝善以戒恶，辅导资忠谠。晋侯诚渴贤，司马应上赏。

得贤弭盗

士会实晋彦，黻冕登廊庙。进善不善远，秦乃薮晋盗。武仲对季孙，亦称知政要。

欹器示戒

周庙右座器，非尊亦非爵。宣尼阐明训，义富其言约。恶有满不覆，凛乎御朽索。

金人示戒

庙阶立金人，缄口铭其背。言鄙中事情，如临师保诲。于恒尚慎兹，矧其为纶綍。

贱货尊贤

崇堂列宾筵，鸣玉白珩讯。哗嚣非楚宝，英贤斯登进。王孙诚善答，简子乃失问。

泣思直臣

层台俯洪波，酣饮乐乃泣。舍死无谔谔，纣亡在默默。邑君尚忆忠，天王可远直。

询求政术

蹇老箴安于，忠信及敢矣。心缓宜佩弦，此物此志耳。用是治晋阳，推行耀惇史。

诛绝佞人

逢君善顺承，进过巧无比。六年不为蹔，曾未进一士。栾激信佞人，致之者简子。

咨访相材

枚卜问里克，克曰观所进。商贤端不肖，成因佩相印。课臣在尚贤，国治天助顺。

式闾礼士

式车过段闾，尚德乃下己。欲相干木辞，致禄国人喜。礼贤非务名，秦兵还为止。

政术谕下

之任示三端，要在手亲辨。谁非入晦者，久乃愈明显。治邺人不欺，文侯教实善。

雨不失期

饮乐天复雨，宜止乃命驾。期猎往罢之，皮冠招岂诈。纶綍慎所出，令名继五霸。

旌贤去奸

委政国未治，宁无蔽下情。毁誉防左右，实迹使按行。烹阿封即墨，齐威信英明。

敝袴待功

敝袴命藏之，云待有功赠。虽多渴赏人，闻之更谁应。嚬笑固宜慎，袴赏陋且佞。

井窥示警

听行貌虽丑，侍者阿姣丽。说镜而恶士，明已不知类。邹忌曾发端，同归此一致。

教子务学

隆准起山东，得之以鞍马。省书知大意，非务章句也。谁云不喜儒，乃慕真儒者。

条陈故事

弱翁相孝宣，条奏廿三事。意不在纷更，谓古今异制。劝重农图备，更为识要义。

嘉奖勤学

定陶初好学，习法律文辞。加服遣之国，旌劝传一时。人继政乃乱，虚名害可思。

下车问疾

十岁通春秋，启迪诚善矣。家居属有疾，拥经而前视。永平有实政，重道复如是。

遣使质疑

鲁论传细君，授帝承宠遇。遣使常质疑，研精穷理趣。面咨乃未传，或亦同温树。

爱惜郎官

赐钱惜郎官，不俞馆陶求。百里苟非人，民将罹困忧。恩义两无害，显宗策允周。

托物喻政

抱儿献水薤，意各有所喻。恤孤清击强，仲远实善悟。淳于说邹忌，凝言导先路。

礼聘遗贤

束帛聘南阳，降殿问失得。尔时政多疵，未闻匡济策。白驹固休风，虚名亦奚益。

师事名贤

林宗告童子，当精义讲书。照对人师难，如丝附蓝朱。躬行胜占毕，识超成人殊。

教子读书

敕子读诸书，纯驳似相闲。迪德在救失，固亦有所见。手泽依然存，终焉竟亡汉。

伤指自悲

宣子甫十龄，伤指改容悲。毁伤即不孝，诚非为痛啼。忘身及亲者，可以翻然思。

运甓习劳

朝暮运百甓，习劳历厥躬。亹不遑暇逸，讵学清谈崇。昭烈叹髀肉，有志后先同。

不卖的卢

相马语诚信，卖之祸延人。叔敖有芳踪，毋宁害己身。显达埒王公，乃恶元规尘。

观获进规

观刈固甚快，逮刈则甚劳。胼胝历三时，钱镈始一朝。实言宁为说，何致握手萧。

投签警寐

布衣据江左，人情悉贤奸。犹自勤庶政，投签警夜眠。开创率无逸，守成鲜知艰。

弓矢喻政

弧矢少所御，尚未尽其妙。况乎治理微，更宿因颁诏。文皇善絜矩，万古垂政要。

辟馆亲贤

弘文聚四部，时彦引六人。不惟研经史，政务兼谘询。固宜贞观治，几与成康臻。

习射殿廷

拨反时已平，暇犹引卫士。云不以穿池，为师教弓矢。纳谏帝所长，诘戎又如此。

崇师问道

闻之古人言，忠孝非二事。珪以对魏王，可谓知要义。所习在为善，此物犹此志。

上书减膳

亏膳尽宰职，申减据戴礼。引过致答谢，孝敬固贤矣。三复黄台瓜，高宗昏无比。

观图自警

出入省无逸，开元治臻泰。天宝相李杨，乃以山水代。有初鲜克终，万古垂明戒。

煮药燃须

薛王属有疾，煮药燃帝须。病痊须何惜，史传颂友于。友于贵中庸，仆寺岂一无？

克己任贤

揽镜忽不乐，殊瘦因相休。貌瘦天下肥，乃为社稷谋。敬肆一念闲，播越亦已求。

奖劝循良

元宗初勤政，每自择刺史。宋州宴从臣，举酒袤寇泚。惟良二千石，课吏宣同揆。

乐受格言

养身惟寡欲，治世务爱民。内圣与外王，言实而弗文。艺祖书之屏，可谓善尊闻。

散遣宫人

唐宗放三千，宋祖惟一百。数匪减前人，三百守宫掖。怨旷内外鲜，善政光史策。

遵守旧章

屏后二大瓮，以置投文简。满即焚之衢，相业普亦显。固云慎无稽，得毋失从善。

论字知非

谕德谕以德，顾名当思义。所系在宗社，讵必工文字。子明信良规，士逊能触类。

常读论语

报罢读论语，普沆先后同。可谓识大体，更张非所工。水旱日疏陈，太初尤醇忠。

焚香告天

避骢权幸凛，知蜀琴鹤友。每夜露香告，得曾同者否？不可对人言，君实未尝有。

借事纳忠

孝先铨录古，弱侯此津逮。纳忠如一辙，讵在丹青缀。可以鉴千秋，躬行慎自励。

御制养正图赞

（清）爱新觉罗·颙琰

寝门视膳

稽古文王，允称达孝。日三问安，万世垂教。
出于自然，声音笑貌。子职勤思，竭诚仿效。

膳斥鲍鱼

贤传辅储，起居同处。鲍鱼异常，勿令登俎。
小节不逾，大德就绪。匡正自童，圣功无阻。

振贷贫民

闻善即行，抒于诚悃。民足国安，上盈下损。
发政施仁，必先立本。天下平均，思深虑远。

丹书受戒

斋戒三日，面述丹书。敬畏邦固，怠忽国除。
公义永守，私欲全祛。万古君鉴，景仰殷予。

听朝四辅

四圣辅主，周室日兴。成王中立，道充弼承。
磨砻渐染，从善服膺。进贤远佞，惕若继绳。

桐叶封虞

削桐为珪，手授少弟。史佚命封，唐侯卜世。
君无戏言，丝纶所系。闻善必从，允称哲睿。

亟用贤人

有为之主，见与众殊。得贤亟用，卓识不拘。
举火授爵，心悦诚输。略小取大，进善良谟。

戒君节饮

上下联情，酒以成礼。火继乐酣，留连失体。
卜夜力辞，言有根柢。观国嘉宾，入世大启。

善言格天

君与臣民，原同一体。何忍移灾，愿以身徯。
片言感通，三舍退徙。实政应天，咎征自弭。

自结履系

履解自结，不敢慢人。爱敬国士，勉励庶臣。
言虽近谲，智罕等伦。终成霸业，周室懿亲。

夫妇如宾

夫耨妇馌，相待如宾。敬为德聚，德以治民。

闲邪守礼，存诚体仁。王化之始，慎独明伦。

托相献规

观友知君，方以类聚。进贤信邪，吉凶自取。

政顺国安，诚求良辅。善相献言，宜循法矩。

廷理执法

法严国强，岂阿贵近？有犯必惩，纪纲不紊。

戮御斩辀，太子怀愠。避舍知惩，善承父训。

仁言动众

策骑巡车，一言众感。如挟纩温，寒威顿敛。

共苦同甘，披肝沥胆。恩信咸孚，皆成勇敢。

因乐求贤

升台望远，其乐甚微。求贤辅翼，充实光辉。

德义笃好，图治庶几。继文复霸，从善不违。

得贤弭盗

善者日亲，不善自远。位授上卿，盗贼皆遁。

举贤去邪，为政大本。勿贰勿疑，尽抒忠悃。

攲器示戒

古圣垂训，理足义深。周庙攲器，触目警心。

虚倾满覆，中正咸临。能损斯益，法言永钦。

金人示戒

铭背金人，慎言大旨。勿逞狂谈，妄肆訾毁。

言必有中，辞寡意美。若尽三缄，失之远矣。

贱货尊贤

鸣玉宾筵，白珩言昧。简子失辞，王孙善对。

玩好细微，奚足珍爱。所宝惟贤，圣经记载。

泣思直臣

泣忆敢言，饮酒不乐。缄嘿日衰，诚求謇谔。

闻过必更，豁达大略。纳谏力行，德业渊博。

询求政术

政术有三，忠信勇敢。事君无欺，施令知感。

去邪不疑，勿为摇撼。治理可希，善言旷览。

诛绝佞人

信用佞人，六年之久。未进贤良，黜善增咎。

投畀洪波，扬清洗丑。除恶毅然，识高立剖。

咨访相材

君子小人，各有类聚。欲用相臣，视其所举。

文侯咨询，李克善语。贤否判然，治功循序。

式闾礼士

车过门闾，伏轼起敬。义富德光，隐居知命。

致禄时询，好忠好正。能退秦兵，礼贤息竞。

政术谕下

政有三要，全功成名。亲贤布义，实践躬行。

手辨尤切，由晦而明。综核谙练，治道日精。

雨不失期

适野乘骢，亲传罢猎。因雨失期，中心未惬。

不耽晏安，下情上接。守信无欺，民和政协。

旌贤去奸

听言观行，信而有征。虚美无据，实政堪称。

封贤烹佞，法肃国兴。忠邪足证，毁誉难凭。

敝袴待功

国君笑颦，不可不慎。赏僭忘恩，众玩失信。

重施劝劳，人咸奋进。敝袴酬功，语殊鄙吝。

井窥示警

夸誉貌扬，窥井实丑。宜听正言，勿惑佞口。

远屏阿谀，登进益友。以古鉴今，渊衷虚受。

教子务学

马上创基，修文图治。能慕真儒，允称上智。

教子亲贤，务学博识。六经心殚，四表光被。

条陈故事

故事宜循，先哲树建。率由力行，监于成宪。

妄用更张，益生枝蔓。魏相敷陈，守基要论。

嘉奖勤学

勤学髫年，文辞法律。加冠遣归，长仍放佚。

入继汉基，旧章咸失。慎简元良，循名责实。

下车问疾

选择宿儒，授经及早。辨论精腴，日夕研讨。

问疾下车，尊师重道。知本信贤，基业永保。

遣使质疑

包咸傅储，夙有令闻。显宗敬恭，勤学好问。

遣使询咨，赐珍逾分。莅政不疑，获于古训。

爱惜郎官

馆陶乞恩，明帝守义。一官未俞，万钱立赐。

不可假人，唯名与器。爵滥民殃，政亡国弃。

托物喻政

太守求贤，躬逢奇遇。拔薤捧盂，抱儿当户。

开门恤孤，清心去蠹。奚用烦言，妙喻善悟。

礼聘遗贤

元纁束帛，礼聘樊英。降殿设席，致敬尽诚。

延问得失，备极恩荣。未闻实政，徒受虚名。

师事名贤

求师林宗，辞简理足。朝夕观摩，亲承启沃。

素丝近朱，光辉朗烛。颖异不群，见超流俗。

教子读书

小善必为，小恶勿作。汉书勤探，研炼法略。

命学申韩，难救孱弱。终于沦亡，鄙哉安乐。

伤指自悲

八龄知书，挑菜伤指。岂痛而悲，别有意旨。

身体受亲，不敢稍毁。禀赋聪明，达孝之始。

运甓习劳

朝暮运甓，自儆怠荒。习劳身健，视为故常。

安逸则弱，磨炼日强。法天行健，无逸不遑。

不卖的卢

相马经传，的卢妨主。卖去虽欣，买者太苦。

移祸于人，奚如自取？哲士立心，择仁师古。

观获进规

观获云快，至此力殚。三时耕耨，农事艰难。

克念胼胝，毋耽晏安。知依无逸，郅治大端。

投签警寐

创业知艰，曷敢自满。投签警眠，席不暇暖。

兴由力勤，败因疏懒。屡省乃成，切戒怠缓。

弓矢喻政

弯弧多年，未知原委。物尚如斯，况于治理。

一人万几，岂可自恃。兼听并观，尽善尽美。

开馆亲贤

开馆弘文，聚书万卷。延纳六贤，讲论坟典。

稽古居今，责难陈善。治道日隆，史册光显。

习射殿廷

海宇承平，恐生怠玩。安不忘危，治不忘乱。

习射于廷，精勤勇干。御侮干城，邦家屏翰。

崇师问道

魏王拜师，首问忠孝。立身成名，性功至教。

为善存心，东平宜效。事亲事君，咸得其要。

上书减膳

太子内居，宫臣稀见。文伟直言，书过减膳。

示警不阿，省愆嘉欢。好学尊贤，基于弱冠。

观图自警

屏书无逸，朝夕心模。渐忘警戒，山水代图。

心既怠惰，图亦荒芜。慎终如始，为政善谟。

煮药燃须

五王同居，素敦友爱。煎药得痉，燃须何碍。

手足义深，见理不昧。亲亲意诚，史书详载。

克己任贤

用萧顺旨，相韩知非。临镜不乐，逢迎肆诽。

克己信直，貌瘦国肥。始勤终怠，幸蜀无依。

奖劝循良

念切民生，自择刺史。遣使分巡，肆为誉毁。

登楼赐卮，褒奖寇泚。得贤治成，深知道揆。

乐受格言

征聘处士，两言敷陈。治世大要，首先爱民。

健行不息，寡欲养身。书屏时览，辞简理纯。

散遣宫人

因灾省愆，宏仁雅量。偏籍后宫，百人遣放。

宜室宜家，全消怨旷。和气致祥，群生咸畅。

遵守旧章

置瓮投书，满即焚弃。成法讲求，旧章不易。

无稽之言，何益政治？忠告恐湮，义未详备。

论字知非

谕德辅储，善道宜述。书法虽佳，六艺之一。

旦言知先，缉熙宥密。基命东朝，慎选良弼。

常读论语

贤相读书，论语探讨。节用爱人，心存怀保。

未能躬行，时习悟道。先圣格言，岂尚华藻。

焚香告天

铁面立朝，纠弹曲枉。出任成都，琴鹤偕往。

拜告穹苍，昭明在上。理顺心安，不愧俯仰。

借事纳忠

圣贤法诫，具在经书。绘图进献，益阐嘉谟。

准时酌古，善行广敷。养正郅治，勉守德隅。

译注后记

《养正图解》是明代万历十七年的状元、翰林学士焦竑写给太子看的教育启蒙书，实际上也是一部教育未来皇帝的政治启蒙书。乾隆皇帝非常欣赏焦竑在教诲过程所寄予的深忠与大义，曾题诗多首加以赞赏。嘉庆皇帝为表达对此书的重视和欣赏，曾对书中每则故事进行题诗作赞，在对它进行赞誉的同时，还不时指出该书不够完备的地方，可见他对《养正图解》不仅有细读还有思考。光绪皇帝担心此书“世所罕觏”，会随时间消逝而湮没无存，特地将宫廷所存写本拿出来，着令武英殿刊刻进呈，以便自己随时省览。很荣幸，此次我们给读者呈现的这个版本为故宫博物院典藏珍本“清光绪二十一年武英殿刻本”。

所谓“养正图解”，顾名思义，是以图解的方式来教育太子如何养个体人身之正，养国家社会之正。借着此书，当下的读者或许也能明白几千年的封建统治智慧是怎样的悠游、从容，同时又意蕴深远，具有让人难以抗拒的力量。

焦竑是晚明学问宏富、思想圆通的大学问家，他在设计与解析《养正图解》这本太子的政治启蒙读物时，用心良苦，寓意深幽。像第一则故事“寝门视膳”，焦竑在讲解时就特别指出，问安视膳这样的事情是普通的人子事亲之礼，而文王执行它的基础在于“一念爱亲之心”，倘若因为文王是圣人，便依循文王的格式去行动，却没有文王行动之际的“一段真意”，则“终是勉强”，那么学习者也就“非善学文王者也”。虽然焦竑是秉持晚明心学的思想，但这种从人的基本良知与普通善念来督促太子成圣立王的教育理念很有平民意识，既解除了把圣人看成不可企及的“圣人思想至上”对人们思想的束缚，又在开篇为太子真正树立起爱民思想打下基础。作为万历时期“百科全书式”的人物，焦竑不仅许多教育见解和政治见解与俗儒非常不同，而且清醒地意识到他在教育未来的皇帝，明白自己的教育将深刻影响国家未来的命运。所以，他在“条陈故事”、“遵守旧章”、“常读论语”等则中一再阐明，祖宗在创业立法之际，于人情物理、险阻艰难无不备知，如果朝政“朝进一说而暮即更之，暮进一说而朝又更之，言者不必可行，行者不必有实，吏民奔走纷纭，无时休息，致使诏旨不信”，那它对国计民生所产生的危害就非常大了。明代万历时期，末世危机已日益彰显，焦竑当然深有感触，以此在教育太子之际，非常强调立身之道的警醒、立政之道的务实，君臣相处之道的心机，等等。在“教子读书”一则中，焦竑以刘备教刘禅读法家代表著作的事例来教育太子，也是深深担忧末世时节，世乱多变，倘若君王缺乏智谋心术，且身边有多为“柔懦庸愚”一辈辅佐，“惟知姑息”，则很可能让“权横之臣有罪不坐，豪猾之民犯法不诛。宽贷而人不知恩，纵弛而威不能振，奸宄得志，纪纲不立，不至危亡不止也”，所以期望太子多读有以益人心术的法家著作。

《养正图解》由60则小故事组成，从立身、立心、立德、立政、立国等方面来全面构建太子的哲学理念基础。每则故事都配有一幅插图，图下有一小段文字进行图注，之后便是焦竑对图画所作的一大段图解。读者最需要理解的正是焦竑的图解文字。当然，作为太子的教育读物，《养正图解》编辑、刊印的精致程度不仅非寻常百姓可以想见，便是勋戚贵室也未必能达到。为该书插图的是明代人物画大家丁云鹏，他与陈洪绶、崔子忠三人曾鼎立并称于晚明画坛。读者倘若有心，便在阅图中也能获得许多会心之感。

监督《养正图解》一书刊印并作序的南京吏科给事中祝世禄在序言中语重心长地说：期望太子能在阅读此书的过程中“披图而悦于目，味解而逊于心，参之今古，以合其符；体之身心，以验其实；务于养，勿伤于骤；比于正，弗狎于邪”，从而终成大器，保佑“我国家万万年无疆之庥”。作为一部包罗丰富、意味深长的政治启蒙读物，《养正图解》所具有的教育启发意义确实值得深刻体味、时常揣摩、认真实践。也无怪乾隆、嘉庆、光绪等皇帝都希望自己和自己的接班人时常备览。

虽然《养正图解》是焦竑写给太子的启蒙读物，但意蕴实在丰富，措辞实在精当，笔者在注释、翻译之际，总觉得辞不尽意，不能及于焦竑表达之万一，还祈请读者在阅读之际只以译文和注释作为引子，之后还须反复体味焦竑的讲解原文。

最后，感谢故宫出版社的领导，策划这样一套有关皇帝、皇子的教育读本飨食读者非常有意义；感谢此书的责编杨付红、艾珊歌女士，她们对待工作非常热忱，对全书的每个环节都付出很多。另外，此书的前期基础整理工作，浙江师范大学文学硕士房银臻曾付出辛勤劳动，此致感谢。

浙江师范大学江南文化研究中心　邱江宁记

2013 年 7 月

书名的故事 ——致读者的一封信

亲爱的读者：

您好！

当您读到此页的时候，我们的新书之旅也将告一段落，是否还有意犹未尽之感呢？那最后就让我们分享一下书名的故事吧。

2012 年底，遵照社领导的指示，我们宫廷历史编辑室主导策划了一套丛书，即将故宫博物院图书馆藏内府珍本中有关皇帝、皇子教育方面的经典教材整理汇编，精美图片原版影印，文字部分在句读的基础上加以白话注释。书目有了，但书名一直悬而未决。年终开选题会的时候，社长一句"皇帝的课本"，让我们一解多日的忧愁，思路豁然开朗。

循着这样的思路，我们开始了对"课本"的编排工作，以赏析的方式对《御注道德经》、《圣迹全图》、《帝鉴图说》、《养正图解》、《元王恽承华事略补图》进行了点读、注释。一天上午，我社多才可爱的程同根主任来访，说道："皇帝的课本，课本应该是语文、数学等等性质的。'承华事略赏析'，对于普通读者，好多人可能不知道'承华事略'是什么书啊？你们应该改一下书名，和从书名结合起来。"程老师的话启发了我们，说想就想，每位责任编辑根据所负责图书的内容拟定书名，一个一个新的想法迸发出来，可就是没有让人眼前一亮的感觉，激烈的讨论从早上一直持续到中午。我们编辑室冯印淙主任带着任务去"外界"寻求支援，本书的美术编辑王梓也给我们出谋划策，可还是没有让人满意的结果。王梓说："先吃饭吧，边吃边聊，没准能想出来呢。"带着一丝惆怅，我们奔向了餐厅，但却食之无味。突然，"养正图解"的责任编辑艾珊歌灵机一动，说这个行不行："养正，养正，今天，你养正了吗？”我们齐声欢呼：“好！没准这还成流行语了呢！”思路由此打开，火花由此迸发，根据每本书的内容，再结合一些朗朗上口的有趣表达，“皇帝是这样炼成的”、“加油吧太子”、“观照孔夫子”、“当顺治遇上老子”等一个个既新颖又切实的书名呈现出来！

当我们把这些书名报告给社领导的时候，得到了社领导的肯定与表扬。一天下来，大家虽然身体感觉很疲劳，但心情是愉悦的，应该说这是一次出版理念的解放，一次集体智慧的迸发，一次突破传统的尝试。用书名拉近与读者的距离只是一种方式，把这套丛书中传统文化的精髓和古典雅致的图像奉献给读者才是我们的真正目的，希望您因此体验醇厚的内容。也许读过内容，您能体会到我们所拟定书名的妙意。为现代读者开启轻松阅读中国古代传统文化的门户，并达到亲切互动，这是我们的出版理念，也是我们一直追求的目标。

说到这里，真的要和亲爱的读者说声再见了，此时作为责编的我们，心情还是非常忐忑，不知您是否喜欢我们这种传统与现代的碰撞，喜欢我们这种文字与图片的呈现方式……如果您有任何意见或建议，请与我们微博互动，我们的新浪微博是：@ 故宫出版社宫廷历史编辑室。我们期待与各位读者的深入交流。

此致

敬礼！

宫廷历史编辑室

2013 年 7 月

图书在版编目（CIP）数据

今天你养正了吗：养正图解赏析／（明）焦竑撰；（明）丁云鹏绘；邱江宁译注．— 北京：故宫出版社，2013.8

（皇帝的课本）

ISBN 978-7-5134-0439-6

Ⅰ．①今… Ⅱ．①焦… ②丁… ③邱… Ⅲ．①伦理学－中国－明代－图解 Ⅳ．①B82-092

中国版本图书馆 CIP 数据核字 (2013) 第 184937 号

国家古籍整理出版
专项经费资助项目

皇帝的课本

今天你养正了吗——养正图解赏析

撰　　者：（明）焦　竑

绘　　者：（明）丁云鹏

译　　注：邱江宁

责任编辑：杨付红　艾珊歌

装帧设计：王　梓

出版发行：故宫出版社

地址：北京市东城区景山前街4号　邮编：100009

电话：010-85007808　010-85007816　传真：010-65129479

网址：www.culturefc.cn

邮箱：ggcb@culturefc.cn

制版印刷：北京方嘉彩色印刷有限责任公司

开　　本：787毫米×1092毫米　1/16

印　　张：14.75

版　　次：2013年8月第1版

2013年8月第1次印刷

印　　数：1～5000册

书　　号：ISBN 978-7-5134-0439-6

定　　价：42.00元